15歳から身につける
経済リテラシー

岡野 進

朝日学生新聞社

まえがき

　私たちは、社会と共に生きています。私たちは、労働し、住居に住み、衣服をまとい、食事をし、文化的な楽しみを享受しています。社会がそうした人々の生活を支えていく仕組みが、「経済」なのです。

　本書では基本的な知識を身につけながら、経済の仕組みを理解し、自分で考えていく力をつけていただくことを目標にしています。経済の仕組みを理解する力をつけることは、社会人としてより良い生活をしていくうえで、必ず役に立つでしょう。

　本書は4つの章に分かれています。最初は基本的な事柄から始め、だんだん応用編に進んでいきます。最後には、私たちの生活に基づいて、日本経済を考えてみる機会を持ちたいと思います。

　第1章の「経済はどう動くのか」で、経済の基本的な仕組みを学んでいきます。生産を増やす分業、市場の働き、おカネの役割など、経済の基本と原理を学んでいきます。

　第2章では、「経済を見る目を養う」として、よく使われる経済用語や考え方を解説します。基本的な仕組みを踏まえて、現実の経済を考える方法を学んでいきます。ふだん新聞記事で目にするGDPや景気、金利、株価といった言葉がどんな意味を持っているのか、考えていきます。

　第3章では、「世界経済を見てみよう」として、現実の世界

経済で起きているさまざまな問題を学んでいきます。2008年のリーマン・ショックなど世界経済の危機の問題や、新しい経済勢力である新興国について見ていきます。

第4章では、「日本経済の課題を考えよう」として、特に私たちの生活の将来に関わってくる日本経済の問題について見ていきます。少子高齢化が進んで経済成長が低調になった日本経済ですが、その条件のもとで社会保障や財政、私たちに身近な教育などの問題を考えるために必要な知識を提供します。

本書を通じて、社会人として生活していくために必要な経済リテラシー(経済を理解する力)をぜひ身につけていきましょう。社会人になった時に、経済リテラシーを身につけることが生きていくうえで大切だな、と感じていただけるようになったら、筆者の望外の喜びです。

岡野 進

第1章　経済はどう動く？ ……… 7

1 経済って何でしょう？ ……… 8
歴史から読み解く　アダム・スミスの『国富論』……… 12

2 分業で生産が増える ……… 13
いまを読み解く　アウトソーシングって？ ……… 17

3 市場の機能 ……… 18
社会を読み解く　独占禁止法 ……… 22

4 マネーの正体と働き ……… 23
いまを読み解く　外国の主要通貨 ……… 27

5 産業革命と機械の発達 ……… 28
歴史から読み解く　植民地支配 ……… 32

6 イノベーションで変わる経済社会 ……… 33
いまを読み解く　ソサエティー5.0 ……… 37

7 企業の役割 ……… 38
いまを読み解く　コーポレート・ガバナンス ……… 42

8 労働市場 ……… 43
社会を読み解く　春闘 ……… 47

9 家計の役割 ……… 48
図表から読み解く　ジニ係数 ……… 52

10 政府の役割 ……… 53
社会を読み解く　日本の中央官庁 ……… 57

第2章　経済を見る目を養う ……… 59

1 国民経済計算とは？ ……… 60
いまを読み解く　日本のGDP ……… 64

2 景気とは？ ……… 65
歴史から読み解く　ケインズと完全雇用 ……… 69

3 金利の決まる仕組み ……… 70
いまを読み解く　マイナス金利 ……… 74

4 インフレvsデフレ ……… 75
歴史から読み解く　歴史上のハイパーインフレ ……… 79

5 株価は経済の鏡 ……… 80
いまを読み解く　株価指数 ……… 84

6 外国為替市場 ……… 85
歴史から読み解く
ブレトン・ウッズ体制とニクソン・ショック ……… 89

7 産業構造の変化 ……… 90
図表から読み解く　産業連関表の見方 ……… 94

8 貿易の役割 ……… 95
いまを読み解く　日本の貿易構造 ……… 99

9 広がる多国籍企業の活動 ……… 100
いまを読み解く　企業買収の大型化 ……… 104

10 経済発展の光と影 ……… 105
歴史から読み解く　公害問題 ……… 109

第3章　世界経済 ……… 111

1 繰り返す金融危機 ……… 112
いまを読み解く
Too big to fail 〜大きすぎて潰せない〜 ……… 116

2 欧州の国家債務危機 ……… 117
社会を読み解く　EUとは？ ……… 121

3 IMFの役割 ... 122
図表から読み解く　外貨準備 ... 126

4 世界第2の経済大国になった中国 ... 127
社会を読み解く　知的財産権の問題 ... 131

5 新興国経済の課題 ... 132
いまを読み解く　ASEANの取り組み ... 136

6 地球環境問題への対処 ... 137
社会を読み解く　生物多様性条約 ... 141

第4章　日本経済 ... 143

1 少子高齢化と経済成長 ... 144
いまを読み解く　保育所不足 ... 148

2 年金の仕組み ... 149
社会を読み解く　年金はいつから払うの？　もらえるの？ ... 153

3 公的医療保険・介護保険の仕組み ... 154
歴史から読み解く　「恍惚の人」 ... 158

4 財政の仕組みと課題 ... 159
図表から読み解く　日本政府の資産と負債 ... 163

5 教育と経済 ... 164
社会を読み解く　奨学金 ... 168

さくいん ... 170

第 1 章
経済はどう動く？

ふだん耳にする「経済」とは何か、
考えたことがありますか？
経済は私たちの生活や世の中の動きと、
密接に関わっています。
その成り立ちや仕組み、担い手を知ることで、
経済とはどんなものかが見えてきます。
経済の基本知識を身につけていきましょう。

1

経済って何でしょう？

私たちがモノを買うことも、経済につながっています。その成り立ちや仕組みを、考えてみましょう。

経済の由来

「経済」という言葉は、ふだんから良く使われます。もともと、中国からきた「経世済民（けいせいさいみん）」という言葉を略しています。「世を経（おさ）め、民を済（すく）う」という意味で、私たちの日常生活をより良くするという精神が込められています。

富とは？

生活を豊かにすることが経済ならば、モノやおカネをたくさん持っていることを指すのでしょうか。

経済では、モノやおカネを「富」と呼びます。富とは、衣・食・住など私たちの生活に直接役立つモノ（消費財）や、モノを作るための機械や設備（資本財）を意味します。お菓子やカメラなどのぜいたく品も、私たちの生活を豊かにする富の一部です。

人間は富となるモノを作り、使って生活しています。経済学の言葉では、富となるものを作ることを生産、それを人々に分けることを分配、使うことを消費といいます。これを繰

第1章 経済はどう動く？

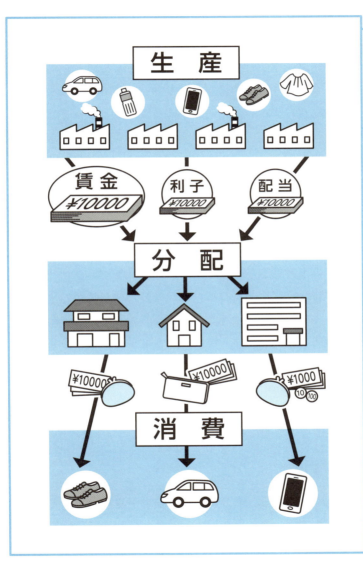

経済の仕組み

り返すことによって、生活を豊かにしているのです。

生産の歴史

富について、人間の歴史を振り返って考えてみましょう。

原始時代には、狩猟や採集によって、動物を捕まえたり木の実を集めたりして、食料や衣服、住居の素材を手に入れていました。

やがて定住するようになると、農業や牧畜を営むようになります。乾燥保存が長い期間できる小麦や米などの穀物が栽培され、食料を安定して得られるようになりました。鍬や鋤といった農具を金属で作ったり、農業技術を新たに開発したりして、生産性を高めていくようになります。

食べ物が安定してくると、農作業以外にも時間の余裕ができて、さらに社会が発達していきます。河川に堤防を作るような公共工事が始まり、働けない人も養えるようになりました。測量や計算といった技術が発達して、文字も生まれるなど文明も進歩していきました。

このように人間はモノを生産することによって富を生み出し、生活をより良く発展させてきたのです。

分配と消費

生産が増えると、モノの交換や分配が複雑になっていきました。そこで、モノを交換する仲立ち役として登場したのが貨幣です。

原始時代では、人々はモノを物々交換し、社会のルールで分配していました。生産の種類や量が増えると、作ったモノを誰がどれだけ使うのか、交換の比率が問題になります。同じ基準でモノが交換できるように、おカネでモノの価値を測り、売り買いするようになったのです。

貨幣でモノの価値が測れるようになると、生産する側には代金が、土地を提供した人は地代が、労働力を提供した人は賃金が、成果（所得）として払われるようになります。これが富の分配となり、人々は所得を使って消費につなげていきました。

経済の仕組み

こうしてモノの売り買いを貨幣が仲立ちすることで、富が個人にどのように分配されたかが示されるようになり、社会全体での総所得が把握できるようになったのです。

こうした生産・分配・消費の過程やその仕組みを、「経済」と呼んでいるのです。

point
- 私達の生活に直接・間接に役立つものが富
- 富を作る生産、富を分ける分配、富を使う消費、この3つの過程やその仕組みを経済と呼ぶ

歴史から読み解く
アダム・スミスの『国富論』

　英国のスコットランド生まれのアダム・スミス（1723〜1790）は、「経済学の父」と呼ばれています。経済や神学・哲学を研究し、『国富論』という著書を1776年に出版しました。初めて経済学を世に問うたといえます。「労働こそは、すべての物に対して支払われた最初の代価、本来の購買代金であった。世界のすべての富が最初に購買されたのは、金や銀によってではなく、労働によってである」と労働価値説を提起しました。そして「労働の生産力の増大」こそ、富の源泉であるとしたのです。アダム・スミスの学説を受け継いだのは、デヴィッド・リカード（1772〜1823）です。リカードは「生産物の価値はそれを生産するのに必要な労働の量で決まる」と唱え、自由貿易も主張しました。

2

分業で生産が増える

豊かな生活のためには、どうやったら富を増やせるのでしょうか。その鍵を握るのが、今回学ぶ「分業」です。

仕事を分担する

例えば、自動車を1台作るとします。初めから最後まで1人で作るのと、何人かで手分けするのとでは、どちらが効率は良いでしょうか。

モノを作る工程が多くの段階に分かれて複雑になっていくと、それぞれの工程に慣れた人が分担する方が早く完成します。

15ページの図は、工場での自動車の製造工程を表しています。車を作る工程には、車のボディの鉄板をプレスして成形する工程、溶接で作る工程などが分かれています。さらに、溶接にはフロントとバック部分、塗装には下塗りから上塗りまでと、いろいろな段階や作業する部分がより細分化されていきます。これに並行して、エンジンを始めとする部品も生産され、組み立てラインで順番に取り付けていくのです。

このように、自動車は分業によって生産が進められています。同じ時間により多くの人数で手分けすることで、生産を増やすことができます。それぞれの工程に慣れた人が担当しているので、製品の品質も高いものが出来上がるのです。

分業の広がり

　分業は工場だけでなく、企業内の部門ごとに業務を分担することでも発達してきました。企業には商品を生産する部門のほか、販売やサービスを提供する部門、職員をサポートする部門などもあり、それぞれが役割を担っています。

　消費者に最終的に届く製品は、こうしたひとつひとつの企業の製品やサービスが集まってできたものです。自動車を1台作るには、鉄鋼会社からボディの原材料を、専用メーカーから電子部品やプラスチック製品などを、他の企業で生産したものを買い入れています。

　最近では、これまで企業の中にあった事務の業務などで定型化できる部分を、専門的に行ってくれる外部の企業に委託すること（アウトソーシング）も多くなりました。これも企業間の分業です。

　生産はこのような多数の企業の分業から成り立っています。これを社会的分業と呼んでいます。さらに外国から原材料や部品を調達することを国際分業と呼んでいます。

貨幣の普及と分業

　社会全体の分業が発達するためには、貨幣が重要な役割を果たします。企業間の分業は、製品やサービスを企業間で売買することによって成り立つからです。

　貨幣が普及すると、企業間の売買が円滑になります。企業

第1章 経済はどう動く？

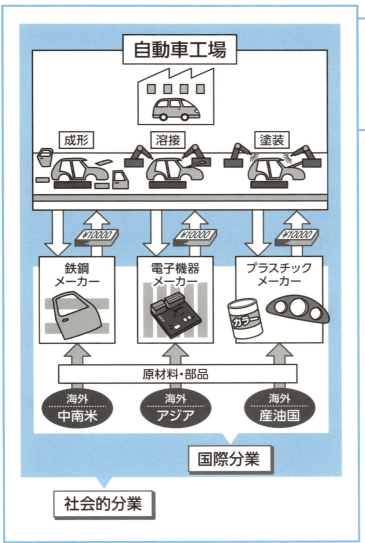

間の売買が活発になると、さらに貨幣の普及が進みます。このように、貨幣の普及と分業は両輪で好循環を生み出します。貨幣経済なしには、企業間の分業はうまくいきません。

また、社会的分業では、その時々によって分業する企業の組み合わせが変わります。買い手は同じ質のモノであれば安い方を選び、売り手は高く買う企業を優先することになるからです。つまり、価格や数量によって、取引先が変わるのです。

このことは、経済学で重要な「市場の機能」を示しています。富を生みだす分業が経済をより豊かにし、貨幣の必要性を高めているのです。

point
- 仕事を分担することで生産を増やす分業
- 社会全体の分業が進むには、貨幣の普及が必要

いまを読み解く
アウトソーシングって？

アウトソースの仕組み

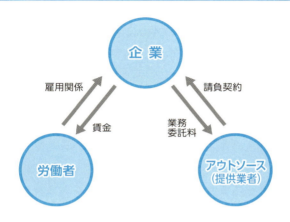

　「アウトソース」とは、企業の業務を外部に委託して実施してもらうことを指します。IT業界では、プログラミングやネットワークの運用業務を外部委託するのは、ごく普通のことになっています。顧客からの電話問い合わせの応対などでも、アウトソースが増加しています。さらに、企業の管理事務である総務や経理等の業務を外部に委託する場合も出てきています。アウトソースを利用することの利点は、企業が自社の強みのある業務に集中でき、アウトソースする業務に強みのある他社の力を借りることができることです。一方で注意点は、委託先の業務遂行能力や品質等を見極めることが大事で、これにはコストと手間がかかります。

市場の機能

モノの値段や数は、どう決まるのでしょうか。商品の買い手と売り手が出会う市場のメカニズムを学んでみよう。

市場のメカニズム

モノやサービスを売り買いする「場」を、経済用語で市場といいます。青果市場や魚市場のような、買い手と売り手が直接出会う物理的な場だけではありません。金融市場や家電市場といわれるような、モノやサービスを売り買いする抽象的な場も意味しています。

市場で買い手がモノやサービスを購入することを需要といいます。逆に、売り手が商品を市場に販売することを供給といいます。

商品の価格が安ければ、買う側の需要が増え、売る側はもうけが下がるので供給が減ります。価格が高ければ、需要は減りますが、もうけを得ようと供給が増えます。市場には、そうしたメカニズムが働いているのです。

需要の決まり方

買い手は、価格が安くなればより多く買おうとします。逆に高くなれば、購入量を減らそうとします。この関係は需要曲線として示すことができます。縦軸に価格、横軸に需要量

をとると、右下がりの曲線になります。

市場にでる消費財やサービスは、消費者にとって広い意味で「役立つかどうか」によって、価格と数量の関係も決まってきます。誰にとっても役に立たなければ、どんなに安くても需要は生じません。逆に人気がでた商品は、安ければ需要は大きく、多少高くなっても需要の量は減らないかもしれません。商品によっても、需要曲線に違いが出てきます。

供給の決まり方

売り手の立場に立ってみましょう。価格が安ければ売りたい量が減り、価格が高ければ売りたい量が増えます。この関係を示しているのが、供給曲線です。

誰もコストより安くモノを売りたくはありません。ただし、損をしても少しでも回収した方が良いという場合もあります。モノを作るために投資した設備を使う費用(減価償却費といいます)は常に発生しているからです。これに対して、モノを作るための原材料費は、製品を作らなければかかりません。原材料費分の費用を賄えるのであれば、企業は製品を生産して販売することもあります。

つまり、企業にとって生産を増やすかどうかを考える基準は費用全体ではなく、生産を増やすのにかかる費用(コスト)はいくらになるか、ということが大切です。これを限界費用といいます。

企業が供給を増やすかどうかは、限界費用に対して利益の

出る価格になっているかどうかということになります。

需要曲線と供給曲線が出会うところ

需要曲線と供給曲線を同じ図に並べてみると、買い手と売り手の条件が同時に満たされる点が示されます。2つの曲線が交わるところで、この価格と数量で取引が成立することが予想できます。

右ページの図①を例に見てみましょう。トイレットペーパーを売買するのに、価格が133円で数量が9個分で取引されることが示されています。価格や数量は、需要と供給がマッチすると決まるのです。

ただし、需要（曲線）も供給（曲線）も常に一定というわけではありません。図②のように、例えば商品の人気が高まり需要が多くなる場合は、価格が同じでも数量が増えるので、需要曲線は右上にずれます。供給曲線がそのままだと、価格は上昇して数量も増加します。

企業が技術革新などで生産性を上げコスト削減を実現していくと、図③のように供給曲線は右下方向に移ります。そうすると、需要曲線は変わらなくても、取引される価格は下がり、数量は増えることになるのです。

point

- 市場の働きで需要と供給がマッチするように取引される価格と数量が決まる

第1章 経済はどう動く？

需要と供給の決まり方

① 需要と供給の関係

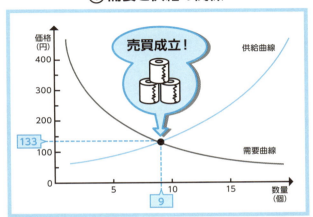

② 需要曲線の変化

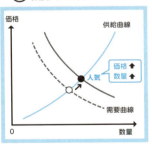

③ 供給曲線の変化

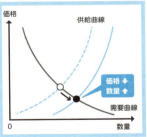

社会を読み解く
独占禁止法

不当な取引の事例（入札談合）

　市場経済には、強者がますます強くなる要素があり、それが市場を支配すると自由な競争による市場機能そのものを損なってしまう場合があります。そうした事態を防ぐため、政府による法的な規制が必要になります。近代では、米国のシャーマン法（1890年）の制定が始まりとされています。日本の独占禁止法は1947年に、財閥解体などの経済民主化を定着させるために制定されました。私的独占や不当な取引の制限、不公正な取引方法の禁止などを目的とする法律です。例えば、市場に競争が生まれないようシェアを独占する行為や、協定を結んで不当に価格をつり上げるような行為を禁止しています。

4

マネーの正体と働き

普段、私たちが何気なく使っているおカネ。市場経済には不可欠ですが、いったいどのようなものなのでしょう?

おカネの呼び名

おカネのことを、貨幣といったりマネーと表記したりします。歴史や英語に由来するなど、おカネにはさまざまな呼ばれ方があります。

ここでは、おカネについて考えるため、金融用語である「マネー」を使って説明していきます。

現金は中央銀行の「借金証文」

「マネー」といった場合、広く預金などを指す場合もありますが、核となるのは現金です。現金というと硬貨も入りますが、そのほとんどはお札になります。日本の場合、お札とは日本銀行券(日銀券)を指します。ふだんから身近に使うお札＝日銀券は、どう成り立っているのでしょう。

日銀券は、その名の通り日本銀行が日本の中央銀行として発行するものです。法律の上では、日本銀行法で「日本銀行は、銀行券を発行する」と定められています。

また、日銀法では「日本銀行が発行する銀行券は、法貨として無制限に通用する」との規定もあり、支払い手段に使う

ことができるとされています。つまり、代金の支払いや債務の返済を求められれば、それに日銀券を使用すればよいことが法律で保障されているのです。当たり前のことのように思えますが、貨幣制度を確かにするために大切なきまりです。

日銀券は日本銀行にとっては負債となります。ただの紙であるお札が価値を持つために、日銀は不特定の法人や人々から借金をする「証文」として、日銀券を発行します。日常生活では意識することはないですが、我々がお札を持っているということは、日銀にお金を貸している証文を持っているということにほかなりません。

マネーの流通

日本銀行は日銀券を発行して流通させるために、ただでばら撒くわけにはいきません。銀行などに貸し付けたり、証券などの資産を購入したりし、その支払いに日銀券を使います。さらに、銀行から貸し付けが行われたり、証券を売却した人が使ったりすることによって、日銀券が流通していきます。日銀にとって銀行などへの貸し付けや購入した証券は資産となるので、負債である発行した日銀券とバランスをとっているのです。

現代社会だと、マネーは現金だけではありません。小切手を切ることのできる当座預金や、送金などのためにすぐに換金できる普通預金などは、現金と同様にお金の働きができる手段です。これを預金通貨と呼んでいます。銀行預金の間で

第1章 経済はどう動く？

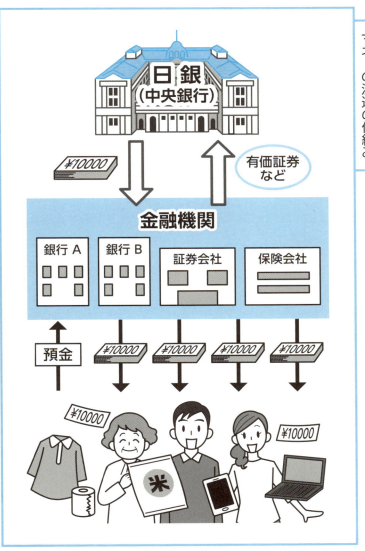

の送金は、いちいち現金をやり取りする手間を省いているので、マネーが流通しているということにもなります。

マネーの3つの働き

マネーは経済のなかで、3つの働きをしています。

第1に、支払い手段としての働きです。現金は法律上も、支払い手段として保障されています。現金に換えることのできる預金も、実質的には支払い手段としての働きをすることが可能です。

第2に、取引されるモノの価値の大きさを表す働きがあります。売買取引でモノとマネーが交換されるわけですから、そのマネーの量がそのモノの価値の大きさを示すことになります。

第3に、現金にしても預金にしても保有者にとって価値を貯蔵する手段になります。

マネーがこれらの機能を果たせるのは、①現金は中央銀行の発行する法定通貨である、②預金は現金と交換できるものである、③その量を決まった単位（例えば円）の数で表すことができるものである、からです。

point

- マネーの中核である現金は、中央銀行の借金証文である
- マネーは、支払い、価値尺度、価値貯蔵の3つの機能を果たす

いまを読み解く
外国の主要通貨

ドルとユーロ紙幣　写真：PIXTA

　「マネー」といった場合、日本での法定通貨は日本銀行が発行する円ですが、海外では米国のドルや欧州のユーロが広く国際通貨として使われています。ドルは米国の中央銀行である連邦準備制度が発行する通貨ですが、米国内だけでなく新興国や発展途上国の多くで通用しています。ドルの現金の半分近くが、米国外で流通しているという分析もあります。ユーロは欧州中央銀行の発行する欧州の共通通貨です。ユーロに加盟している国はもちろん、東欧などでも流通しています。そのほか、英国のポンドや中国の人民元も、国際通貨として流通しています。

5

産業革命と機械の発達

　現代経済の発展を歴史的にみると、イギリス（英国）の産業革命をきっかけとした工業の発達が背景にあります。

18世紀の半ばに産業革命

　現代の経済は、分業が進み生産が増加したことで発展してきました。それと同時に、生産の増加には機械化が大きな役割を果たしてきました。

　機械が本格的に使われ出したのは、18世紀半ばの英国です。まず布を織る機織り機で大きな改良が行われ、生産時間が飛躍的に短縮されました。このことで、材料である糸を大量に作る必要がでてきたので、次に糸を大量生産できる紡織機が発明されました。

　当初はどちらも人力で動くものでしたが、まず水力が使われ、さらに蒸気機関が使われるようになりました。蒸気機関は輸送手段にも応用され、19世紀の初めに蒸気機関車や蒸気船が登場し、物資や旅客の輸送も画期的に発達しました。

　蒸気機関の発達は燃料として石炭を必要としたり、機械や建造物の素材として鉄鋼が利用されたりしました。それは、エネルギーや素材産業の隆盛にもつながりました。機械によってモノが安くできるようになり、市場の規模も爆発的に拡大したのです。

第1章 経済はどう動く？

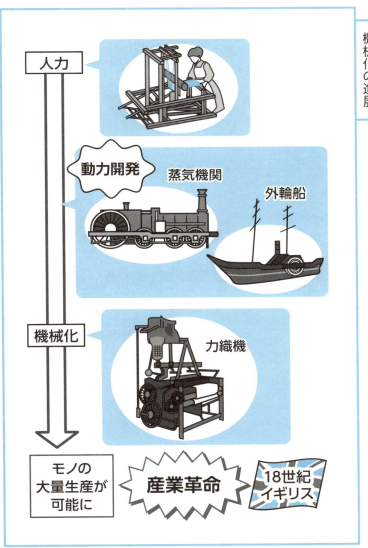

こうした産業の発展は**産業革命**と呼ばれ、19世紀に多くの国に伝播し、市場経済の発達を促したのです。

機械による生産の増大と能率の向上

機械を利用することは、さまざまなメリットをもたらしました。モノが大量に安く生産され、製品が普及していきました。生産の能率が高まり、人の作業も楽になりました。時間を有効に使えるようになったので、分業の効果も大きくなりました。

こうして機械を利用して大量に必要なモノが作られることで、人間生活の豊かさが支えられるようになったのです。

機械の発達から新しいモノが生まれる

現代生活で使うモノは、多くが機械で作られています。機械を使うことで、人が手で作るモノを速く大量に作れるようになっただけでなく、これまで手で作れなかったモノも生産できるようになりました。例えば、携帯電話に使われている部品の多くは、精密にモノを作る機械があって初めて作れるものです。

建設現場でも、多くの作業が機械を利用しています。人力ではできない作業ができ、高層ビルを建設することができるようになりました。農業でも、機械を使うことが一般化しました。生産の現場の多くで、機械の恩恵を受けているのです。

現在の機械は、多くがセンサーを備え、コンピューターに

よって制御されるようになりました。人による監視や運転が必要なものも、人に代わってプログラムが動かしているものが多くなっています。

また、通信機械が登場したことで、通信の発達も目覚ましく成長しています。電気を利用した通信は、長短音の組み合わせで構成されたモールス信号から始まり、無線通信や電話が普及するようになりました。いまでは、携帯電話やインターネットは、私たちの生活に不可欠となっています。

こうした機械の利用が、人間生活にとってより便利な製品やサービスを生み出してきたのです。

point

- 機械の登場が産業革命をもたらした
- 機械の利用は従来のモノの大量生産だけでなく、新しい製品やサービスも生み出した

歴史から読み解く
植民地支配

イギリスによるインドの植民地支配

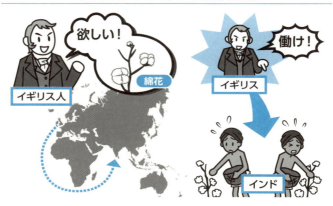

産業革命の進展によって、工業化を進めて経済成長をするために、より多くの原材料を確保し、販路を獲得する必要性が生まれました。それまでにも、スペインなど欧州の有力国は、金や銀などを求める重商主義政策をとって、米国やアフリカ、アジアに進出して植民地を作っていました。産業革命によって機械化された繊維産業が勃興したイギリスは、綿花の獲得と綿布の販売先を求め、多くの戦争を経てアメリカやアフリカ、インドに植民地を築きました。その結果、大英帝国は「太陽の沈まない国」と呼ばれるような広大な領土を確保しました。やがて20世紀に入ると、植民地の多くで民族自決の機運が広がり、第二次世界大戦後には多くの植民地が独立しました。

6

イノベーションで変わる経済社会

経済の発達は、新たな生産方法や新商品を生み出すことと表裏一体です。どういうことか、学んでいきましょう。

技術革新

産業革命で重要な役割を果たしたのは、機織り機や紡織機、蒸気機関の発明でした。いずれも、これまでにないアイデアで新しい機械が生み出され、経済を大きく変えました。

一般的になにかを大きく変えることを、イノベーション（革新）といいます。産業革命のように、発明や発見を実際の生産に応用し、新しい製品を作り出したり、生産方法を工夫したり変えたりしていくことを、技術革新といいます。技術革新はイノベーションの一種で、産業の新しい分野を切り開く役割を果たしています。

技術革新はこれまでも、化学の応用で新しい素材が生まれ、電気技術の応用で新しい電化製品や情報機器が生まれてきました。現代では、情報通信技術、バイオテクノロジー、環境関連技術など、さまざまな領域で技術革新が進んでいます。

IT革命とその先

近年、技術革新のなかで特に経済社会に大きな変化をもた

らしたのはコンピューターと通信の分野でしょう。**IT（情報技術）革命**といわれ、現代の産業革命とも呼べるかもしれません。

　コンピューターは、初めは軍事目的で弾道の計算をするために開発されました。それがデータの処理と保存ができることから、事務の効率化に応用されました。多くの人手で行われてきた事務作業を、コンピューターによって高速で大量に処理することで効率化され、コストも大きく低下しました。さらにさまざまな業種の業務に応用するため、コンピューター同士や端末をつなぐ通信の技術が発展し、やがてアメリカ（米国）でインターネットが生まれました。

　コンピューターが発展した理由は、いくつかあります。ひとつは、主要部品である半導体の生産技術が高まり、能力の高いコンピューターが安くなったことです。それを利用するソフトウェアも発達し、通信回線の高速化が進んだことも背景にあります。

　最近では、事務作業にコンピューターを使うことが当たり前になりました。インターネットを利用することで、コンピューターやスマートフォンなどを使い、安い料金で世界中の人とつながれるようにもなりました。

　インターネットを利用したビジネスも、生み出されてきました。当初はウェブサイトへの広告の掲載がビジネスの中心になっていましたが、いまでは通信販売への活用や、新聞、電子出版などの有料での情報提供、TV番組や映画の配信と

第1章 経済はどう動く?

いったメディアとしても活用されています。

コンピューターの活用は人工知能（AI）も発達し、人間の知的活動のかなりの部分を代替しようとしています。また、こうしたコンピューターの活用により、ロボットも進化してきました。

技術だけではないイノベーション

イノベーションは、技術のみにとどまりません。これまでの仕事のやり方や組織のあり方を変えることも、イノベーションに含まれます。

事業によって収益を上げる仕組みのことを、ビジネスモデルと呼びます。このビジネスモデルの変革も、重要なイノベーションです。つまり、より多くの価値の高い製品やサービスを生み、より多くの収益を上げるように事業を変えていくことは、産業全体の成長につながります。

また、企業をはじめとする組織のあり方を変革することも、イノベーションです。その組織の目的に沿って、より効率良く的確に、活力を持った組織作りをすることが大切です。これを組織革新と呼んでいます。

point
- 技術革新を始めとするイノベーションは、経済成長を促すことにつながる

いまを読み解く
ソサエティー 5.0

超スマート社会

2015年 内閣府

　「超スマート社会」の実現に向けた日本の取り組みを「ソサエティー 5.0」という言葉で表しています。科学技術基本法に基づいて、政府が10年先を見通して策定した科学技術基本計画の中で位置づけられています。この基本計画は、5年間の科学技術の振興について、総合的に計画をしています。ネットワークやIoT（モノのインターネット）の活用を、ものづくりだけでなく様々な分野に広げ、経済成長や健康長寿を形成し、さらには社会変革につなげていこうという目標です。そのためには、サービスや事業のシステム化、システムの高度化、複数のシステム間の連携協調が必要になります。これを、産学と国の関係省庁が一緒になって取り組みを推進していくこととしています。

7

企業の役割

生産を担っているのは、主に企業です。企業はどのような組織で、どうやって運営されているのでしょうか。

企業が事業を行う仕組み

企業は、利益を目的にした活動である「事業」を行う組織です。それには、まず元手となるお金が必要です。これを資本といいます。例えば製造業の場合、資本を元手に製造する機械や原材料を仕入れ、人を雇い、物を作って売ることで、資金を回収します。その資金を再び事業に投資し、事業が続けられていきます。

企業はそのようにして利益を上げ続けていくことを目的としています。こうした企業の活動の結果、社会全体の生産が継続していくことになります。

また、企業は得られた利益の一部を、資本の提供者である出資者に配当として分配します。同時に一部を企業に残して設備投資をするなど、企業活動の拡大のためにも使います。

経済全体でみると、企業の収益が増加すれば、配当が増して個人消費につながりますし、残りの部分は設備投資などにつながるので需要が増加します。中長期的に見ると、企業が投資を蓄積していくことで、出資者の財産も増加するのです。

第1章 経済はどう動く？

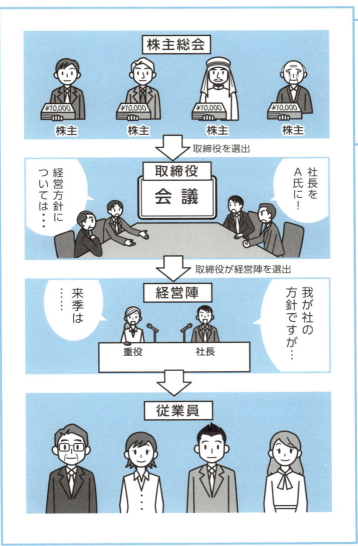

株式会社が企業のスタンダード

　企業と呼ばれる組織のほとんどは、株式会社として活動しています。そのほかの企業の形もありますが、株式会社は日本の営利企業のほとんどを占め、世界の市場経済でもスタンダードになっています。

　株式会社の始まりは、オランダの東インド会社といわれています。同社は1602年に設立され、出資額に応じた議決権（提案された議題について賛成や反対を述べる権利）や出資の証明書である株式を発行して取引所で売買できるようにしました。このような現在の株式会社につながる制度を取り入れたことで、規模の大きな会社を経営することができるようになったのです。

　現代ではほとんどの大企業が株式会社になり、株式は公開された取引所で売買できるようになっています。中小企業の場合には、必ずしも取引所での売買はできませんが、株式会社の形をとっているものがほとんどです。（そのほかに、小規模な会社のための制度もあります）

　株式を公開している大企業の経営の仕組みは、株主の出資分（株式数）に応じた決定権を基本にしています。会社の経営に責任を持つ取締役は、株主総会での選挙によって選ばれます。選挙では、株主が持っている株式の数に応じた投票権が与えられています。そして、株主総会で選ばれた取締役が取締役会で選挙し、実際に経営に携わる社長や会長という重

要な役職者を選びます。

会社での決め事は、株主総会で決めなければならないことや、取締役会で決められなければならないことが、会社法によって決まっています。企業は民間のルールではなく、法律という共通のルールに従って経営されているのです。

大切な企業会計

株式を取引所で売買できる企業の場合は、企業の会計の結果を公開しなければなりません。会社の株を持っている人だけでなく、世間一般に公開されている株をこれから買おうか検討している人にも参考になる情報だからです。

では、企業はどのように、お金の出入りや購入した資産を記録しているのでしょうか。手元の現金や設備などの資産、借り入れや資本の状況を計算して「貸借対照表」を作成したり、一定の期間の利益や損失を計算して「損益計算書」を作成したりしています。

その際に大切なのが、どのような会計制度になっているかです。会計基準は、国や時代によって違いがあります。資産や負債を時価で見るかどうかなど、採用される会計基準によって企業会計は変わっていきます。

point
- 企業が社会全体の継続的な生産を主に担っている
- 大企業は株式会社で経営されるのがスタンダード

いまを読み解く
コーポレート・ガバナンス

企業統治の仕組み

　企業の意思決定は経営者がします。一方で、株主、従業員、顧客、取引先や地域社会などの利害を考慮し、独占的に企業を支配し、反社会的行動をとることを防ぐ企業統治の仕組みを「コーポレート・ガバナンス」といいます。日本取引所は2015年6月に、コーポレートガバナンス・コードを定め、上場企業の企業統治のあり方について原則を定めています。基本原則としては、株主の権利・平等性の確保、株主以外のステークホルダー（利害関係者）との適切な協働、適切な情報開示と透明性の確保、取締役会等の責務、株主との対話、が掲げられています。そうした仕組みを整えることで、企業の持続的な成長と中長期的な企業価値の向上を目指して、企業の自主的な取り組みが期待されているのです。

8

労働市場

企業の生産には、働き手が必要で、多くの労働者が企業で働いています。労働市場について考えてみましょう。

労働の取引は特殊

企業は労働者に賃金を払い、労働者は企業の業務命令に従って働きます。この関係は経済取引になりますが、かなり特殊な取引だといえます。労働力は生身の人間が提供するものですから、普通のモノのようには扱えないという矛盾があるからです。

かつては、長時間の過酷な労働をさせていた時代がありました。現在では多くの国で、労働時間の制限がされています。日本では、労働基準法によって、原則1週間で40時間以内、1日8時間以内という法定労働時間が定められています。

労働環境についても、法的な規制がある国が多いです。日本の場合は労働安全衛生法があり、職場で労働者の安全と健康を確保するとともに、快適な職場環境をつくることを目的としています。

失業問題

労働市場でもっとも大きい問題は、失業問題でしょう。

労働力の供給量は、ほかの商品とは違って簡単に調整でき

ません。景気が悪くなると、労働力への需要が減少するので、職に就けない人が増えます。つまり、失業が発生します。職を失い、新たな就職先を探している失業者のなかには、不景気が長びき労働市場が改善しないと、職探しをあきらめてしまう人も出てきます。こうした潜在的な失業者の存在も、考慮しなければなりません。

　景気の問題だけでなく、職探しをしている労働者の能力と、企業が求人で求める能力が合わないことから生まれる失業もあります。これは「ミスマッチ失業」と呼ばれます。

　受けてきた教育やこれまでの就業経験の違いは大きく、労働力は大変個別性が強いといえるでしょう。また、求職者は自分の能力を客観的には評価できていないケースもあり、その場合には希望する就職先に採用されることが困難な状況が続くことも多いでしょう。

　求人側が前提となる能力や経験を求めている場合、そのような条件に合う人が労働市場にはほとんど存在しないというケースもあり得ます。そうした場合、市場メカニズムの観点からいえば、求人の処遇を良くすれば、一時的には他企業に勤めている人が移ってくるかもしれません。しかし、雇用の安定を求める人も多く、金銭の処遇が高いというだけでは、能力ある人を雇うことは難しいともいえます。

賃金の決まり方

　労働力の対価である賃金についても、大きな課題です。地

第1章 経済はどう動く？

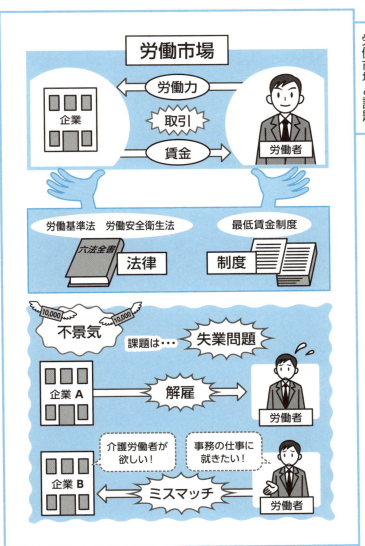

域の物価を反映して時給の最低額を定めた**最低賃金制度**や、残業代などの超過勤務手当の法規制がありますが、売り手と買い手がすべて自由に決められるわけではありません。

退職や解雇といった雇用契約の解除についても、多くの国で規制があります。労働者の権利を守るための組織である労働組合と、会社を経営しやすいようにする業界団体の関係も、労働条件の決定に大きく関わります。

多くの先進国では、賃金は下方硬直的（下がりにくい）と指摘されることが多いです。ただし、日本の場合は賞与や超過勤務手当の割り増し分も勘案してみると、不況時には月例給までは下がらないものの、賞与の削減や超過勤務手当の減少で賃金総額はある程度下がる現象があります。つまり他の先進国よりは、賃金の下方硬直性は強くないかもしれません。

また、労働者が働くためには、生活費がかかります。賃金は、労働者が社会的な生活を送るのに必要な費用がベースになります。企業にとって賃金は、低いほど良いわけではありません。低賃金のために高い生産性を持つ労働者が転職してしまわないよう、高賃金が維持されることもあります。

point

- 生身の人間が提供する労働力の取引は、完全に自由には決められない
- 失業は不景気やミスマッチによって生まれる

社会を読み解く
春闘

春闘、事実上スタート
長時間労働も焦点に

日本経済団体連合会（経団連）と日本労働組合総連合会（連合）のトップらが春闘に向けた方針を説明する「労使フォーラム」が開かれ、今年の春闘が事実上スタートした。今年は給料の引き上げに加え、長時間労働の問題など働き方の改革についてもテーマになりそうだ。

労使フォーラムで、経営側は、賃上げは年収ベースで考え、賃金体系そのものを底上げするベースアップ（ベア）にはこだわらない姿勢を強調した。

朝日中高生新聞、2017年1月29日付、春闘開始を報じる新聞記事

日本では4月から賃金をはじめとする労働条件を改定する企業が多く、労働組合と経営側の団体交渉がその前に行われることになります。同時に、多くの企業でいっせいに賃金などの改定交渉がされることから、労働組合側はこれを「春季闘争」と位置づけ、略して「春闘」という言葉が定着しました。2月から開かれる大手企業での交渉が決着すると、それを参考に中小企業での交渉が始まるという流れになります。そうした労働条件の交渉ができない公務員の場合は、民間の動向を反映させて人事院の勧告により給与などが改定される仕組みになっています。現在の春闘の方式は1950年代半ばから始まったといわれており、半世紀以上の歴史があります。

9

家計の役割

個人の経済活動を「家計」といいます。家計は経済全体の中で、どのような役割をしているのでしょう？

生活を支える収入

個人が生活するためには、消費するモノを買うための収入が必要です。個人の収入には、様々な種類があります。もっとも大きい割合を占めるのが、企業などに勤めて得る給料である雇用者所得です。そのほかにも、働いた報酬としては自営業による収入があり、これらを勤労所得と呼びます。また、預金や債券の利子、株式の配当、賃貸料などの財産所得もあります。

一般の会社員は、給与（勤め先からの収入）が家計を支えるもっとも大きな収入です。日本では所得税が会社からあらかじめ差し引かれ、年金や健康保険といった社会保険料も天引きされて支給されるのが普通です。社会保険料は雇い主側の負担もありますから、これも給料を受け取る人の収入と考えることができ、全体を雇用者報酬と呼んでいます。雇い主側にとっては人件費コストになり、日本全体で雇用者報酬は263兆4204億円（内閣府「国民経済計算」、2015年度）の規模になっています。

また、個人で事業を営んでいる場合には、個人の事業主と

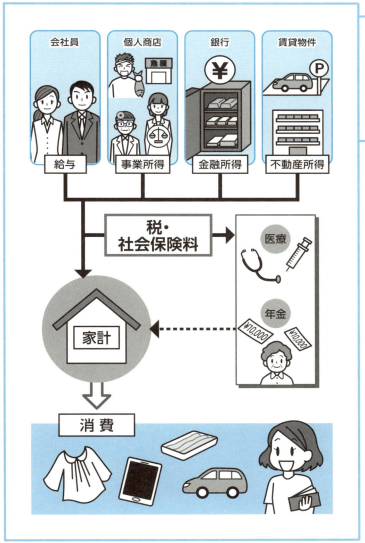

しての所得が家計を支える主な収入になります。

個人の消費

個人が生活を送っていくうえでの消費も様々あります。最も基本的な衣食住のほか、家庭で使う耐久財などや、教育・医療・娯楽といった分野のサービスも含まれます。経済発展が進むと、単純に生活必需品の消費が増加するだけでなく、娯楽的な要素の消費が徐々に増えていきます。

また、多くの人は、貯蓄をしたり保険をかけたりしています。子どもの教育費などで将来消費が増加する可能性や、失業などで収入が得られなくなる危険性があるからです。

住宅を買うことも、人生設計にとって大きな位置を占めます。住宅を買うことは投資ともいえますが、住宅ローンを返済すれば購入した本人のものになり、貯蓄になります。

このように、消費や貯蓄は基本的に所得に応じますが、ある程度長期的に先を見通して計画されます。その場合、消費額自体をコントロールするというより、収入と支出の差である貯蓄をしていくことで将来に備えるというケースが多いかもしれません。

格差の問題

近年、所得格差の拡大が指摘されるようになりました。財産所得は所得格差のひとつの要因になってくるでしょう。持っている資産額が大きいと運用も有利になり、財産所得が大

きくなるという事情もあります。

　所得の不平等度を測る尺度に、「ジニ係数」があります。イタリアの統計学者コッラド・ジニによって考案されたもので、0から1の範囲で、係数の値が0に近いほど格差が小さく、1に近いほど格差が大きい状態であることを表現します。

　日本の当初所得（税金や社会保険料を支払う前の所得）で測ったジニ係数をみると、2011年には0.5536（厚生労働省「所得再分配調査」、2011年）でした。税金や社会保険料を支払って年金や生活保護を受け取った後、つまり社会保障制度によって再分配された後には、0.3791となっています。日本はかつて所得平等度が高いといわれており、1981年では当初所得によるジニ係数は0.3515でした。つまり、30年間でかなり上昇したことになります。

　これは高齢化が進み、年金生活者などが増えたためとの指摘もあります。ただし、再分配後で比較すると、1981年は0.3177でしたので、ジニ係数は30年間で0.06程度の上昇にとどまりました。社会保障制度などによって、所得の不平等はかなり緩和されているといえるかもしれません。

point

- 個人の収入は勤労所得と財産所得などからなっている
- 消費は収入に応じるが、貯蓄は将来への備えである

図表から読み解く
ジニ係数

ジニ係数の計算方法

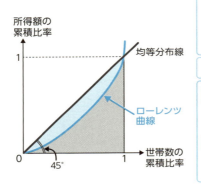

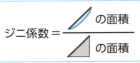

0 ≦ ジニ係数 ≦ 1

ジニ係数＝0 の場合
ローレンツ曲線＝均等分布線
➡ 完全平等（所得格差なし）

ジニ係数＝1 の場合
ローレンツ曲線は ⌐ な形
➡ 完全不平等（1人に富が集中）

　格差の度合いを表すジニ係数は、どのように計算されるのでしょうか。まず、すべての人を所得の低い順に並べ、その数を低い方から累積して全体に対する比率をとります。それを横軸に、所得額を低い方から累積してその比率を縦軸にとります。こうして描いた曲線を「ローレンツ曲線」といいます。このローレンツ曲線と均等分布線（全員が同じ所得と仮定して積み上げた線）とで囲まれた面積の、均等分布線より下の三角形の面積に対する比率を計算します。もし全員が同じ所得なら、ローレンツ曲線は均等分布線と同じになり、ジニ係数は０になります。逆に、１人だけがすべての所得を独占している場合には、ジニ係数は１になります。

10

政府の役割

政府の経済活動は、私たちの生活にどう結びつき、経済全体にどんな影響を与えるのでしょうか？

政府とは

政府というと国を指す場合が多いですが、経済の用語ではもう少し広く捉えます。経済の考え方で政府は、**中央政府**、**地方政府**、**社会保障基金**という3つの部門に分かれます。

中央政府は、日本政府の官庁を指します。地方政府は地方公共団体（地方自治体）、つまり都道府県と市町村です。社会保障基金は、公的年金や公的医療保険（国民健康保険や健康保険組合など）になります。

中央政府には自衛隊も含まれますし、地方政府には警察や消防も含まれます。健康保険組合は実際には企業が運営していますが、その役割が公的な保険なので、経済活動としては政府に入れて考えます。

公的なインフラを支える

私たちが使う道路のほとんどは、公的な費用で公共物として作られています。高速道路などを除いて、一般に無料で提供されています。道路の造成やメンテナンスには費用がかかりますが、最終的には税金によって賄われます。

このように営利が目的でないけれども、私たちの生活に必要で共同で使える設備などは、税金などの収入をもとに政府（国や地方公共団体）が整備することが必要です。これを公共投資と呼んでいます。公立の学校や公民館、公園といった施設も、公的な費用で建設・整備されています。

公共投資の第一目的は、必要なインフラを整備することで、どのようなタイミングで実施するかも大事なことです。

景気が悪くなって民間の投資が減少した時には、公共投資を大きくします。景気が良くなって公共投資を縮小すると、景気が極端に変動するのを防ぐことができます。このようにして、経済対策の手段としても使われるのです。

政府の消費

公共投資と並ぶ政府の支出は、政府消費があります。これは、投資以外の政府の支出を意味します。主なものは、公務にかかわる費用、すなわち公務員の給料や物品・サービスの購入などです。また、公的医療保険によって医療を提供するのも、政府消費とみなされています。公的医療保険は保険の加入者に直接現金を支払うのではなく、医療機関に支払うことで、医療そのものを保険加入者に提供するからです。

例えば、健康保険組合の加入者が病院に行く場合、かかった料金の3割を本人が窓口で支払います。残りの料金の7割は、請求が健康保険組合に行き、健康保険組合が支払うわけですが、この部分を政府消費として扱うのです。実は政府消

第1章 経済はどう動く？

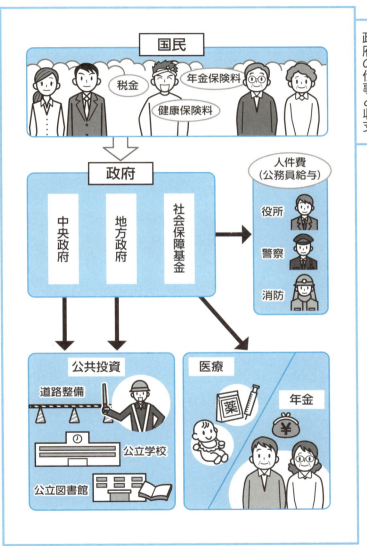

費のうちおおよそ4割が、医療の提供になっています。

税金と再分配の機能

政府の主な収入になる税金は、大きく分けると直接税と間接税に分けられます。直接税は、所得（給料）にかかる所得税や固定資産税など、負担する人が直接払う税金のことです。間接税は消費税のように、負担する人がいったん事業者（会社や店）に預け、事業者が払うものを指します。

所得税は、所得が高い人ほど高い率の所得税になる累進課税制度が採用されています。所得控除による課税最低限という制度もあって、所得の低い人はそもそも所得税を払わなくていい制度になっています。

税金は、多くの国民が使う道路などの公共物だけでなく、失業対策や生活保護といった低所得の人を助けるために使われます。所得の格差をある程度修正するためで、これを「所得の再分配」と呼んでいます。

税金が不足する場合には、国は資金を借り入れなければなりません。この場合、主に国債という債券を発行して、民間から資金を集めます。

point
- 政府は公共投資や政府消費で公的な支出をする
- 累進的な所得税は、格差を修正する再分配の役割を果たす

社会を読み解く
日本の中央官庁

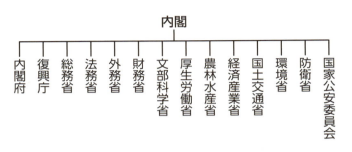

日本の中央官庁

2015年 内閣府

　日本の中央政府の行政機構は、内閣のもとに各分野を所轄する省や庁が置かれています。具体的には、内閣府、復興庁、総務省、法務省、外務省、財務省、文部科学省、厚生労働省、農林水産省、経済産業省、国土交通省、環境省、防衛省、国家公安委員会（警察庁を管理）の1府13省庁があり、これらは中央官庁と総称されます。中央官庁は、それぞれ所轄する分野について、国としての意思決定を行う機関です。各省庁は内閣総理大臣が任命する大臣と長官が、その権限を持っています。省庁は固定的なものではなく、時代の要請に従って、統合されたり、新設されたりして再編成がなされてきました。

第2章
経済を見る目を養う

株価、金利、外国為替、
インフレやデフレ、景気……
経済は日々刻々と変化しています。
そもそも経済の良し悪しは、
どうやって測られているのでしょう。
経済の発展はどのようにもたらされ、
社会にどう影響しているのでしょう。
より深く経済について、理解していきましょう。

1

国民経済計算とは？

「国民経済計算」という統計にGDPがありますが、どのようなことを表しているのでしょうか？

GDPとは

GDPというのは『国内総生産』の英語の頭文字（Gross Domestic Product）をとった言葉です。国内総生産というのは文字通り、国内でどれだけの額の生産がなされたかということを表す統計です。ただし、単に生産されたモノの合計ではなく、どれだけ付加価値が生産されたかの統計になります。

付加価値というのは、企業などが生産活動によって作り出した生産額から、購入した原材料費や燃料費などを差し引いたものをいいます。なぜ差し引くかというと、産業はお互いに原材料などを提供しあっているためです。生産額を全部足してしまうと、二重に計算してしまうことになります。その部分は総額から差し引いて付加価値を測る方が、経済力をみるのに適切なのです。

国民経済計算は一国の経済全体の家計簿

GDPの数字というのは、さまざまな経済統計から導き出されています。すべての企業や家計、政府が正確な帳簿をつけていれば、その数字を合わせれば良いのですが、実際にはそ

うはいきません。

　そもそもGDPは、国民経済計算の中の統計の1つです。国民経済計算は、国の経済全体の家計簿のような存在です。これには、政府、企業、家計のそれぞれの部門について、各年間の支出、生産、所得という3つの面の詳細や、年末時点の資産と負債について推計しています。これらの数字は、国連で決めた世界的な基準にのっとって、内閣府の経済社会総合研究所によって計算されているのです。1年に1度「確報」が発表され、さらに四半期に1度「速報」としてGDPなど主要な数値だけが発表されています。

　国民経済計算に載っている数字は、生産、所得、支出の観点からみていくことができます。GDP＝国内総生産は国の経済力を測るという点で大事ですが、国にどれだけ所得があったかを示す国民総所得（GNI / Gross National Income）も大切です。GNIには、国内の生産から得た所得だけでなく、海外から得た所得も足されています。その所得が企業や家計にどのように分配されたかの統計もあります。また、GDPを支出からみると、家計の消費、企業の投資、政府の投資や消費などのデータがあります。

　国民経済計算には、年末の資産や負債の推計もあり、国全体の正味資産額（資産から負債を引いた額で、国富ともいう）は2015年末で約3,290兆円になっています。これは、国民全体が所有している財産と考えることができます。国民1人あたり約2700万円の財産があることになるのです。

三面等価の原則

経済全体の視点として重要なのが、三面等価の原則です。これは、生産、所得、支出の3つの面が、金額で見ると等しくなることを指します。これは、世界経済を全体でみると成り立ちます。

なぜ三面等価が成り立つのか、まず生産と所得が同額になるのはどうしてかを見てみましょう。

企業が生産活動をすると、付加価値が生まれます。この総額が、GDPとなります。そこから賃金が払われ、労働力を提供した人が受け取る雇用者所得になります。残りは企業所得です（企業の所得には、企業のもうけである営業余剰と、機械や建物など生産活動によってすり減って価値が下がる固定資本減耗があります）。このように、生産と所得が一致するのです。

この所得をもとに、家計や企業、政府で支出が行われます。これらの支出の合計と生産がマッチしないと、その差の分だけ在庫が増減します。在庫の増減は企業の支出と考えることができますので、生産全体と支出全体も一致するのです。

point

- 国民経済計算は一国経済全体の家計簿
- 生産、所得、支出の額は一致する

いまを読み解く
日本のGDP

日本の実質GDPの推移

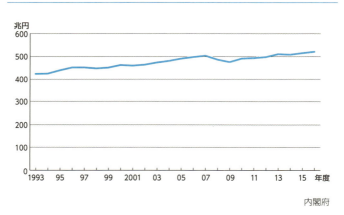

内閣府

　日本のGDPの大きさは世界第3位で、2015年度で532兆1914億円と推計されています。支出面から内訳を見ていくと、民間の最終消費支出が299兆8621億円で、全体の56.3％を占めています。そのほかに64兆3825億円が、公的な医療保険や介護保険の負担分、義務教育の教科書購入費といった政府消費に含まれており、それらも個人生活を直接支えています。GDPの7割弱が、人々の生活を直接支えている生産活動ということになります。設備や建物への投資額は、全体で123兆8614億円でした。外国との財・サービスのやりとりでは、輸出が91兆6587億円、輸入が91兆6448億円と、ほぼ均衡しています。

2

景気とは？

景気は良くなったり、悪くなったりします。それはどうしてか、一緒に考えてみましょう。

複雑かつさまざまな要素で決まる景気の循環

景気はどのように測られているのでしょうか。景気の現状把握や将来の予測に使うものとして、内閣府で作成している「景気動向指数」があります。生産や雇用など、さまざまな経済活動の重要かつ景気に敏感に反応する指標の動きをまとめています。ここでは、景気に対応した「一致指数」、現実の景気より先の予測が含まれた「先行指数」、後から裏付けされた「遅行指数」が作られています。

現実の景気の動きは、複雑に様々な要素がからみ合って起きてきます。景気の波は、一定の周期にはなりません。大きく影響を与えるのは投資の循環であり、「在庫投資」「機械投資」「建設投資」の3つの循環があります。それらが組み合わさって、景気の波に影響を与えているのではないかと考えられているのです。

在庫投資の波のメカニズム

一番周期が短いのは、在庫投資の循環です。企業がモノを売る時に、売れる分だけぴったりと生産することは、難しい

場合が多いです。また、原材料を使う量だけ調達することも難しいため、売る予定の製品や原材料の一定量を手元に持っておくのが普通です。これを在庫投資といいます。

　例えば最終製品を作っている部門で、予定より売れ行きが悪かったとします。すると企業は、生産する量を少なくするよう調整しなければいけなくなります。しかし、実際に生産を減らすまでは、製品の在庫が増えてしまいます。ですから、在庫を正常に保つためには、最終的な需要の減り方より、もっと大きく生産を減らさなければなりません。また、調達した原材料も余ってきます。そのため、生産の減った分より早いペースで、原材料の調達も減らさなければなりません。

　これが企業間の取引を通じて他の部門にも波及し、同様のことが他の多くの企業で起こります。そうすると、全体の所得も減りますから、さらに製品が売れなくなるわけです。この悪循環が、景気を悪くします。

　一方で、生産を減らした結果、在庫も減って需要の減少にマッチしてくるようになります。そうなると、悪循環は終わり、景気は底を打ちます。今度は「予想より製品が売れる」という現象がどこかの部門で始まり、生産の増加が生産の増加につながるという好循環に転換します。これが、景気を良くします。2〜3年の周期で、こうした循環が起きやすいといわれています。

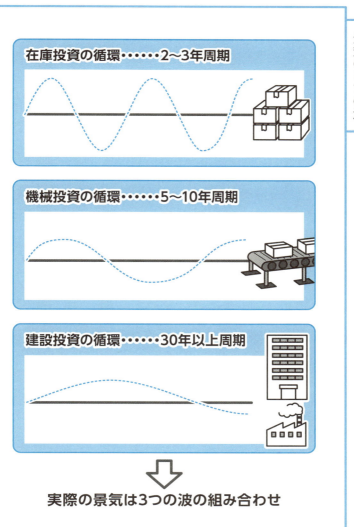

機械投資と建設投資の循環

　企業の設備投資に関係する機械投資と建設投資も、循環しています。景気が良いと、モノを作るのに必要な設備を増やすために、機械や建物への投資をします。その結果、生産力が増して、それ以上の投資は必要なくなるので、設備投資は減ります。これは経済全体への需要の減少になるので、景気を悪化させます。

　しかし、設備投資を控えていると、しだいに生産力は落ちてきます。今度は生産力を強化するために、設備投資を増やす必要が出てきます。こうなると景気は底打ちして、設備投資の増加が設備投資を促すような、好景気に転換します。このようなメカニズムで、企業の設備投資は景気の循環を作ります。

　しかし、機械と建物では、生産力の落ち方に差があります。一般の機械設備は、能力が落ちてきて買い換えが必要になるのは、5〜10年程度です。上記のような循環メカニズムは、その周期で働きます。これに対して、建物の場合はもっと周期が長く、30年以上になると考えられています。

point
- 景気は投資の循環から起きてくる
- 実際の景気は、在庫投資、機械投資、建設投資の短中長期の循環が組み合わさって作られる

歴史から読み解く
ケインズと完全雇用

　ジョン・メイナード・ケインズ（1883～1946）は、イギリスの経済学者です。1936年に著書「雇用・利子および貨幣の一般理論」を出版し、注目を集めました。これが、いわゆるケインズ経済学を生み出し、その後の先進国の経済政策に大きな影響を与えました。失業を①自発的失業、②摩擦的失業、③非自発的失業の３つに分類し、非自発的失業のない状態を「完全雇用」と考えました。非自発的失業が生じるのは、市場メカニズムが機能していても需要が不足するためであり、需要を作り出すことで完全雇用が実現できると唱えました。不況期には公共投資などによって、政府が財政支出政策をとることで民間投資も誘発する対策を重視しました。

3

金利の決まる仕組み

必要な資金を貸し借りすることで、経済活動が行われています。どのような仕組みで動いているのでしょうか。

金利とは?

企業や家計、政府の間では、経済活動に必要な資金を貸したり借りたりし合っています。銀行などの金融機関が、家計からの預金をもとにして、資金の必要な企業や家計にまわして経済活動を円滑にしているのです。

おカネの貸し借りの際には、利子が発生します。なぜ利子というものが存在するのか、考えてみましょう。

人から何かを借りたら、借りたものを返すとともに、「お礼をするのは当たり前」という考えが成り立ちます。おカネの場合、「借りた額の大きさと、借りた期間に応じて相応のお礼をする」というのが利子といえます。そうすることで、貸したい人が出てくるので、おカネの貸し借りが成り立ちます。

つまり、利子はおカネを一定期間融通したことへの対価になります。その対価(利子)は、借りたおカネを元手に経済活動をし、生み出された利益から支払われます。そして、元手に対する利子の率を、「金利」と呼んでいるのです。

中央銀行と金利

金利はどのように決まるのでしょうか。直接的な影響を与えるのは、中央銀行の金融政策です。中央銀行は金融機関に資金を貸したり預かったりして、調整弁の役割を果たしています。中央銀行が翌日までの金利を政策として決め、維持するように資金の調整をすると、短期の市場金利はそれに応じて決まっていきます。中長期の金利は、インフレや景気を反映して、主に国債を取引する市場（国債市場）で決まってきます。先進国の間では、おおむね資金が国際的に動くことを自由にしていますので、海外の金利の影響も大きく受けます。

企業の事業と金利の関係

企業が資金を借りて活用する場合、金利はどう関わってくるのでしょうか。企業が支払える利子は、その資金を活用して得られる（だろう）利益に準ずることになります。つまり、金利が事業の利益率より低くなければ、事業主はお金を借りる意味がないので、通常は借りません。

例えば、資本が100億円でほかに100億円借りると、資金量は200億円になります。そして、利益は1年間で、10億円だとしましょう。200億円に対して10億円なので、事業の利益率は10/200（億円）＝5％となります。

この例で、金利が4％（5％より少ない）だと、利子は100（億円）×4％＝4億円で、事業主には6億円の利益が残ります。

もし金利が6％（5％より多い）だったら、利子は6億円で、事業主に残る利益は4億円になります。この場合には、100億円の資本を人に貸せば6億円の利子が受け取れるので、資金を借りてまで事業を行う必要はなくなるのです。

　経済全体では、平均的な事業の利益率を若干下回る水準で金利も連動することが多いです。平均的な事業の利益率は、景気に左右されるので、金利も景気の良し悪しで変動します。

　一方で、赤字だったり事業の利益率が低かったりする企業が、資金不足を賄うために必要な借り入れをすることも、実際にはあります。そうすると、銀行の貸付金利より低い利益率にしかならない事業が出てくる可能性があります。

　それが一時的なもので、貸付金利を上回る正常な利益率に再び戻る見込みがある時は、銀行も貸し付けを続けるべきだといえます。しかし、長期的に低収益のままの事業も出てきます。その場合には、事業を営む企業が倒産するか、「再生」という手続きで不採算な事業を淘汰していくことになります。そうした不採算事業というのは、経済全体でみれば経済資源の無駄遣いです。それを止めることによって、経済の効率は良くなるといえるのです。

point
- 金利の基本となる超短期金利は、中央銀行の政策で決まる
- 市場金利は景気変動で動くが、平均的な事業利益率と強く関係している

いまを読み解く
マイナス金利

日本銀行の本店

通常のおカネの貸借では、借りた方が利子を支払い、貸した方が受け取ります。これに対して、借りた方が利子を受け取り、貸した方が支払うのを「マイナス金利」と呼んでいます。貸す方は、貸すとお金が減ってしまうわけですから、貸さないで現金を持っていた方が良いので、通常はマイナス金利にはなりません。ところが、欧州や日本で金融緩和を進めた結果、金利がゼロになったため、さらに金融緩和を進めるためにマネーの量を増やす政策がとられました。それでもさらに緩和が必要ということから、中央銀行が政策金利をマイナスとしました。金融機関の場合には、手元に現金を大量に置くのは、金庫の大きさや警備コストのリスクといった問題があるので、小幅のマイナスならば政策金利が成り立つのです。

第2章 経済を見る目を養う

4

インフレvsデフレ

社会に大きな影響を与える経済の現象に、インフレとデフレがあります。どのような原因で、起きるのでしょうか。

インフレーションの経験

大多数の商品やサービスの価格が同時に上昇していく現象を、インフレーション（インフレ）と呼びます。その逆に、価格が同時に低下していく現象を、デフレーション（デフレ）と呼びます。

日本では1970年代に物価上昇が起こり、インフレの時期だったとされています。一般の消費者の購入するモノやサービスの価格を平均した消費者物価指数は、1970年代を通して年平均8.8％上昇し、10年間で2.3倍になりました。

このインフレの原因は、原油産出国が石油輸出国機構（OPEC）を結成して原油価格の大幅な値上げをしたことでした。当時の日本は原油を主要なエネルギー源としており、価格上昇は石油製品だけでなく、プラスチックなどほかの製品の価格上昇にも連鎖的に結び付きました。こうしたインフレを、コストプッシュ型のインフレと呼びます。

こうした悪性のインフレの場合は、景気にも悪い作用を及ぼします。景気停滞（スタグネーション）とインフレという、ふたつの言葉を合わせて「スタグフレーション」とも呼ばれ

ます。このほか、第1次世界大戦後のドイツや第2次世界大戦後の日本など、敗戦による財政破たんと通貨の大量発行により、ハイパーインフレを起こしたケースもありました。

生産性上昇による価格低下

一方で、物価が低下するデフレの要因としては、大きく2つ指摘されています。

ひとつは、景気が悪くなって需要が減り、需要と供給のバランスが崩れて物価が下がるためです。原油価格など天然資源の価格が上下するのも、景気の動向が大きく影響するといえます。ただし、需要の減少に合わせて供給が絞られていくと、価格は安定して再び上昇することもありますので、一時的な現象といえなくもありません。

もうひとつは、生産性の上昇です。生産性が上がると、コストが下がります。すると市場メカニズムが働いて、商品やサービスの価格も低下することになります。これは一過性ではなく、恒久的な価格の押し下げ効果になります。

金融政策とインフレ・デフレ

インフレやデフレのもっとも大きな原因は、マネーの量とその流通速度だという考え方があります。これを貨幣数量説といいます。この考えた方に基づけば、中央銀行がマネーの量を調節することによって、過度のインフレやデフレが防げるということになります。

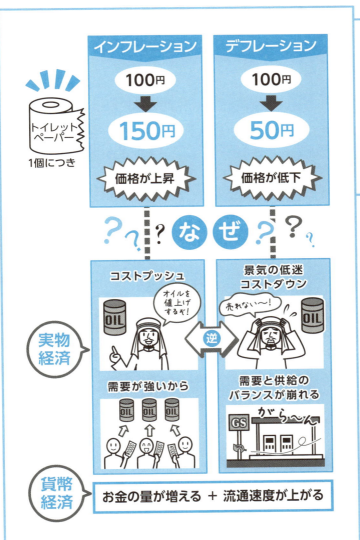

では、過去のインフレやデフレの時期に、実際にはどのような政策がとられたのでしょうか。1970〜80年代のオイルショック時は、各国の中央銀行が金利を多少引き上げただけでは、インフレを十分に抑制できませんでした。そこで第二次オイルショック時に、米国の中央銀行（FRB）がマネーの量を絞るため、それまでの常識を超えた大幅な金利引き上げを行いました。最終的にはインフレを抑え込みましたが、この政策は一時的に世界的な不況をもたらしました。中南米の累積債務問題を引き起こした一方で、先進国のインフレを抑えることには成功したといえます。

　また、日本では2000年頃にデフレ傾向となり、それを克服するために日本銀行がマネーの量を増やす量的緩和政策を行いました。さらに2008年のリーマン・ショック後、米国のFRBも量的緩和政策を実施。欧州もギリシャなどの国家の債務危機への対応として、同様の政策を行いました。

　これらの政策で、マネーの量は確かに増加し、金融危機は克服されましたが、デフレは克服されませんでした。マネーの量を増やせばデフレから脱却できるのかについては、いまでも決着がついていないと言えます。

point

- 全般的な物価上昇をインフレ、下落をデフレという
- インフレ・デフレの原因は、景気やマネーの量が要因になると指摘されている

歴史から読み解く
歴史上のハイパーインフレ

日本の戦前・戦後の企業物価指数の推移

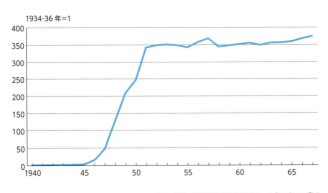

日本銀行「戦前基準指数（サービス含まず）」

　1980年代以降、先進国でインフレは非常にマイルドで、むしろデフレ的な動きがありました。しかし、歴史をひも解いてみると、大きなインフレーションがいくつか記録されています。第2次世界大戦後の日本では、1945年から1951年の6年間で、企業物価指数は約100倍となりました。第1次大戦後のドイツでは、もっと酷いインフレが起こり、1919年から4年間で900億倍になりました。いずれも戦争および戦災からの復興費用を大量の国債で賄い、それを紙幣の大量発行で凌いだ結果と指摘されています。このことから、財政赤字の拡大や大量のマネー供給は、ハイパーインフレにつながるのではないかと危惧する見方もあります。

5

株価は経済の鏡

経済の状況を表すもののひとつに、株価があります。株価はどのように変動するのでしょうか。

株式とは？

多くの企業は**株式会社**として経営されています。**株式**は企業への出資者の権利を表したものです。出資者は**株主**として、企業の最高意思決定機関である**株主総会**での議決権を持ち、企業の上げた利益から**配当**を受けることができます。

取引所の仕組み

株式が売買されるのは、主に**証券取引所**です。取引したい人は、どの株式をどんな値段でどれだけの量を買いたいのか、売りたいのかの注文を出すことができます。

実際には証券会社が、お客の注文を証券取引所に出すことで売買しています。それらの注文を取引所で合わせて、売買を成立させます。現在の東京証券取引所ではコンピューターを使って、売りと買いの注文をつき合わせて売買しています。原則として、これを先着順に行っていくのです。

企業の株式を取引所で売買できるようにすることを「上場」といいます。株式を上場するには、規模や利益の状況など一定の要件を満たすことが必要になります。上場するとき

第2章 経済を見る目を養う

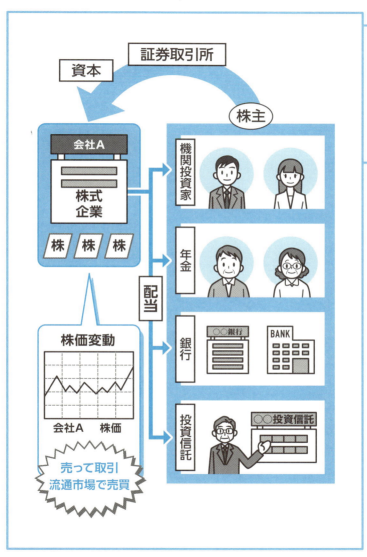

には、多くの人に取引してもらえるようにもします。大株主が持っている株式の一部を希望者に売ったり、企業が新しく株式を発行して希望者に売ったりするのです。このことで、これまで株主として出資した人が上場に際して出資の一部を回収し、企業は新たに設備投資の資金を株式の発行で集めること（増資といいます）ができるようになるのです。

株価はどのように決まる？

取引所で決まる株式の価格を、株価といいます。株価が上がると、出資した人が利益を上げられるということになります。株価は一般の商品に比べると、大きく頻繁に上昇したり下落したりするといえるでしょう。

株価というのは、企業の将来の収益への期待によって決まります。なぜならば、株式は消費する目的で買うわけではなく、投資ですから、どのように収益を上げるのかが問われます。株式を持つことで直接的に得るものは、会社が支払う配当です。これが将来どのようになるかということが、株価を決める要因としてとても重要です。

例えば、ある企業が今後100年存続し、毎年1株あたりの配当を10円支払うことが期待できるとしましょう。株式の価格は、10円の配当の100年分になります。ただし、将来の配当の現在価値は、10円にはなりません。なぜかと言うと、投資ですので、時間の長さに応じて収益が得られないといけないからです。そのため、10円よりも少ないおカネで、将来10円

を得ることになります。このことを、割引と呼びます。

単純化のため割引率は5%だとしましょう。1年ごとに配当が支払われるとすると、1年後に受け取る10円の現在価値は$10/(1+0.05)≒9.52$円ですし、2年後に受け取る10円の現在価値は$10/(1+0.05)^2≒9.07$円です。このようにして100年分を足し合わせれば、適正株価になります。

実際に計算してみると、約198円になります。今度は10円の配当が、年に1%ずつ増えていくとしましょう。その場合は計算すると、約247円になります。成長率の予想が1%異なるだけで、株価は大きく上下することになるのです。

株価は経済を先取りして反映する

景気が好転して経済成長への期待も高まると、収益が上がる期待が大きくなって株価が上昇します。また、長期金利が低下すると、割引率が下がるので株価が上昇します。両者が同時に起これば、株価は大きく上昇することになります。

株価の上昇は企業の収益増加への期待ですから、成長が見込める企業の株価は高くなり、停滞産業の株価は低くなります。産業間の株価変動の差は、産業構造の変化を先取りしていくともいえます。

point
- 株価は経済状況を先取りして上下する
- 株価は産業構造の変化も反映する

いまを読み解く
株価指数

東京証券取引所のマーケットセンター　写真：日本取引所グループ

　株式の価格は、それぞれの企業の株式の取引価格として決まります。株価の動向は、株式市場やある産業の種類で見たとき、株価指数を確認することでわかります。株価指数は、多くの株価を合成して指数にしたものです。日本では東証株価指数（TOPIX）が東証１部の株価全体を表す指数として代表的です。個別の株式を取引するだけでなく、代表的な株価指数と同じ変動をするように、株式を運用するということが近年増えてきています。そうした投資信託も設定されており、少額でも運用ができるようになりました。そのため、多くの株式がまとめて売買されるようになり、個別の株価の方が全体の株価動向に大きく影響されるようになったという指摘もあります。

6

外国為替市場

世界にはさまざまなおカネがあります。外国のおカネを交換する時の仕組みは、どうなっているのでしょうか。

外国為替市場とは？

 外国のおカネとの交換を担っているのが、外国為替市場です。「為替」という表現が入るのは、現金と現金を物理的に交換するのではなく、外国為替手形や送金小切手などの信用できる手段によって決済するからです。例えば、米国にドルを送金する場合を考えてみましょう。日本の銀行から米国の銀行の口座に、ドルを振り込むとします。その場合は、円をドルに替えて、米国の銀行に送金しなければなりません。

 個人や企業が銀行に外貨への両替を依頼すると、銀行はその時の手持ちの外貨を渡しても良いし、外国のお金を扱う外国為替市場で外貨を買って渡しても良いのです。その場合には、外国為替手形や送金小切手などの手段で、外国の銀行との決済をします。こうした金融機関の間の取引を仲立ちする短資会社と呼ばれる会社がいくつもあり、総称して外国為替市場と呼んでいます。

基軸通貨ドルの役割

 多くの国の金融機関が参加する外国為替市場で、通貨と通

貨の交換取引の相場が決まります。複数の通貨と複数の通貨の交換なので、マトリクス（行列）のように多くの種類の取引があり得ます。しかし実際には、米国ドルとそのほかの国の通貨の取引が多くを占めています。例えば、円をユーロに交換したい場合、直接交換する市場は小さいので、米国ドルに交換してからユーロを買うというのが一般的です。円とユーロの直接交換がいけないわけではないですが、各国の通貨と米国ドルの取引は常に大量にされているので、いったん米国ドルにした方が安定した相場で早く取引が成立します。こうした米国ドルの役割を「**基軸通貨**」と呼んでいます。

なぜ米国ドルが基軸通貨になったのでしょうか。米国は世界最大の経済大国であり、第2次世界大戦の終盤に連合国の間で米国ドルを中心にした**固定相場制**の仕組みを作り上げた歴史があります。これは**ブレトン・ウッズ体制**といわれ、円とドルの交換比率は360円に固定されていました。1973年に**変動相場制**に変わった後も、外国為替市場での米国ドルの影響力は、大きくは衰えていません。

ただし、最近は徐々に米国ドルを介さない通貨同士の直接取引も増えています。例えば近年、円と人民元の直接取引市場が整備され、取引量は少しずつ増しています。米国ドルが将来も基軸通貨であり続けるのか、新しい国際通貨体制が必要なのかについては、様々な議論や提案がされています。

第2章 経済を見る目を養う

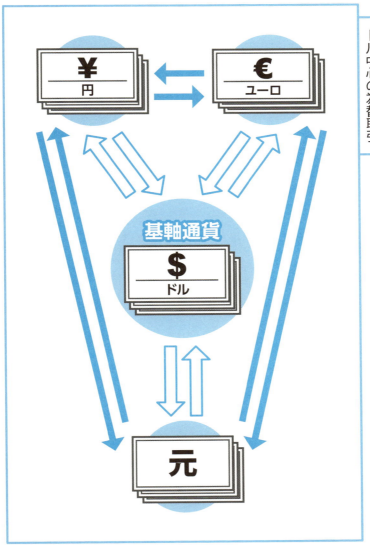

ドル中心の為替取引

資本取引が大きくなった

　外国為替市場では、貿易より資本に関わる取引の方が圧倒的に大きくなりました。主要先進国の債券や株式などを売買する市場は、お互いに外国の投資家にも開放されてきています。年金や保険など巨額の資金を運用する投資家（機関投資家）は、常に債券や株式の市場動向を分析してバランス良く投資しようとします。そのため、自国だけでなく他国にも分散して投資する国際分散投資をしており、さまざまな国の通貨を売り買いしています。

　投資という視点では、外国為替市場に与える金利の影響は大きいといえます。例えば、A国で景気が回復してきて金利が上がったとします。A国の債券などは、金利の上がっていない国より高い利回りになります。投資家の多くは、これまでより金利の高い債券に投資しようと、ほかの金利の低い国の債券などを売ってA国に資金を移動させる動きが強くなります。そうすると、A国の通貨が高くなる要因になります。そうした要因で、為替市場が動くことが多くなっています。

point

- 外国のおカネとの取引は、銀行を通して外国為替市場で行われる
- 近年の外国為替市場では、貿易より資本取引が大きくなっている

歴史から読み解く
ブレトン・ウッズ体制とニクソン・ショック

ニクソン米大統領が打ち出したドル防衛策に嫌気して、1971年8月16日に史上最大の暴落を記録した東京証券取引所は、翌日も朝から売りが殺到して殺気立った 「ドル・ショック」で売り殺到の東証、1971年8月17日撮影©朝日新聞社

　第2次世界大戦後を想定し、安定的な国際通貨体制を作るため、1944年7月に米国のニューハンプシャー州ブレトン・ウッズで、連合国通貨金融会議が開かれました。米国がドルと金との交換を保証したうえで、各国の通貨をドルに対する固定相場で維持する制度が生まれ、これをブレトン・ウッズ体制と呼びます。米国が1960年代中頃から経常赤字となり、1966年には外国のドル準備がアメリカの金保有額を上回ってしまいました。こうした状況の下、フランスが米国に保有するドルと金との交換を強く要求したため、1971年8月15日に当時米国のニクソン大統領はドルと金との交換停止を宣言し、ブレトン・ウッズ体制は終焉しました。これをニクソン・ショックと呼びます。

産業構造の変化

経済発展につれて、産業の構造が変わってきました。どのように変化しているのか、見てみましょう。

サプライチェーン

1980年代の初頭に、米国で経営戦略のひとつとして、ビジネスにおける原材料や部品の供給の連鎖をどのように管理するかが注目され、サプライチェーンという言葉が普及しました。材料などを直接購入するだけでなく、買う相手が誰から物を買って供給されているのかを、売る側が考えるようになったのです。このことによって、材料などの調達が安定的に確保できるように生産管理をしていくことが大事だと、認識されるようになりました。

企業の活動では、原材料や部品の安定的な調達が、生産を円滑にするために重要です。実際には、企業間の長期契約や長期的取引関係によって、川上（素材）から川下（最終財）まで複雑に供給の網がめぐらされているといって良いでしょう。この流れを最終財まで捉えると、鎖のように連結しているので、サプライチェーンという捉え方がされています。

実際には、原材料や部品は多くが固定的な取引先から調達されているので、特定の供給元とさらにその先にある供給元を把握して在庫管理をすることも強調されています。サプラ

第2章 経済を見る目を養う

イチェーンは1本の鎖のような単線的なものではなく、蜘蛛の巣のように複雑に絡み合った姿となっているのです。多くのサプライチェーンは国内では完結せず、外国との分業の進展で、国境を越えた広がりを持っています。

サービス化の進展

経済が発展するにつれて、産業構造は農業や畜産業などの第1次産業中心から、重工業などの第2次産業と、交通・通信・商業・金融などの第3次産業中心に移っていきました。所得の増加によってモノへの需要のみならず、第3次産業を中心にサービスへの需要も生まれていったのです。

日本では実際にどのように就業構造が変化したのかを、見てみましょう。就業人口の構成比（総務省「労働力調査」）で各産業をみると、戦後の高度経済成長が始まった頃の1953年は、第1次が41.2％、第2次が23.0％、第3次は35.8％（うちサービス業は10.5％）でした。第1次産業は半数を割っていたものの、まだまだ日本の主要産業でした。

1970年になると事情は相当変わります。第1次が17.8％、第2次が34.8％、第3次が47.4％と、第1次産業は大きく後退し、第2次と第3次産業に主役の座を渡しました。就業人口比では、第2次産業は1973年がピーク（36.4％）でしたが、第3次産業（特にサービス業）はその後もずっとウェートを上げ続けています。2015年では、第3次が70.7％で、うちサービス業は37.3％になっています。

サービス化の背景にあるもの

経済のサービス化の背景には、何があるのでしょうか。個人消費の構造が大きく変わったことと、企業の調達の面でも構造変化があったことが指摘できるでしょう。

まず、個人消費の構造ですが、経済発展にともなって娯楽的な要素を持った消費が徐々に増えていきました。家電製品などの耐久消費財の普及とともに、旅行や娯楽サービスの需要も増えました。外食など家庭内労働を置き換えるような消費も、需要が増えています。現在では民間消費支出のうち、サービス業への支出は70兆円（総務省「産業連関表」、2011年）でおおよそ4分の1を占めています。

一方で、企業の調達でも、特に情報産業などのサービスのウェートが高まりました。コンピューターの活用が不可欠になったり、アウトソーシングとしてさまざまな事務作業を他企業に委託したりすることが増えたからと考えられます。

技術革新が産業構造に与える影響も見逃せません。インターネットの世界的な普及やコンピューター価格の低廉化が、新しい産業を生んできました。

point

- 経済発展は工業化から始まり、やがて第3次産業にシフト、さらにサービス化を進めた

図表から読み解く
産業連関表の見方

産業連関表の例

	農林水産業	鉱業	製造業	建設	電力・ガス・水道	……
農林水産業	1兆4566億	1億	7兆7936億	569億	0	……
鉱業	2億	15億	16兆8580億	3261億	6兆9051億	……
製造業	2兆6450億	675億	128兆7965億	14兆4273億	2兆2676億	……
建設	706億	61億	1兆3406億	741億	1兆1795億	……
電力・ガス・水道	1290億	295億	5兆4335億	2792億	2兆8671億	……

2011年基準 総務省

　産業連関表は、産業と産業の間の取引関係を表にまとめたもので、「投入産出表」とも呼ばれます。各行に供給側の産業を、各列に需要側の産業を配置した行列（マトリクス）になっています。国民経済計算を作成する基本となる統計です。日本では、ほぼ5年ごとの基準年に関係府省庁の共同事業として作成されています。経済産業省はこれをもとに、毎年の推計をした延長表を作成しています。産業連関表の分析によって、例えば家計消費支出が1単位増えた時に、それぞれの産業の生産額や付加価値、あるいは輸入がどれだけ増えるかといったシミュレーションができます。こうした分析は、「産業連関分析」と呼ばれています。

第2章 経済を見る目を養う

8

貿易の役割

貿易は経済の発展に重要な役割を果たしています。「国境を越えた分業」という視点から、見てみましょう。

貿易はなぜ必要？

いまの日本は、自動車などの輸出が盛んです。一方で、日本はエネルギー資源が乏しいので、原油などの天然資源を輸入しなければなりません。また、中国などの新興国からは安い軽工業品を輸入しています。

このように、自分の国の得意な分野で、効率良く生産できるものを互いに輸出し合えば、全体として利益になるのです。このとき、貿易参加国の貿易収支がゼロで、輸出と輸入が同じ額になっていても、自国では得られないモノを適切なコストで得ることができるという意味で、両者とも得することになるのです。これは分業が外国との間でなされており、貿易は国際分業の手段と言い換えても良いでしょう。

また、貿易には輸送が必要になりますが、貿易に適するものとそうでないものがあります。すでに建っているビルなど建築物そのものは、貿易の対象にはならないでしょう。ただし、重くて大きいものが必ずしも貿易の対象にならないというわけではありません。鉄鋼はかなり重要な貿易品ですし、船の場合ならば完成した船自体を使って輸出できます。輸送

費込みで相手国よりコストが安くできるモノは、だいたい輸出の対象になると考えて良いでしょう。輸送費が非常に高くついて、輸出先に持っていっても、その国の国産品より高くなったり、近隣の国から輸入したりした方が安いという場合は、その国への輸出は難しくなります。

サービスの貿易

モノではなく、サービスも貿易の対象になります。具体的にいうと、①輸送、②旅行、③その他に大きく分かれます。

①の輸送は、例えば日本からモノを輸出するときに外国の船を使えば運賃を支払うので、輸送を外国から買った＝輸入したことになります。逆に、外国人が日本の飛行機に乗れば、外国人に対して輸送というサービスをしたので、輸出になるわけです。

②の旅行は、日本人が外国に行ってホテルに泊まったり、レストランで食事をしたりすると、輸入になります。

③のその他には種々のサービス提供が含まれますが、通信、建設、保険、金融、情報、特許権使用料、文化興行などに分類できます。例えば建設なら、ビルそのものは輸出できませんが、現地に行って建設に携われれば、輸出になるのです。文化興行の輸出は、外国に行って演劇や音楽コンサートをして出演料をもらったりすることを指しています。特許権使用料は、外国に特許を利用させて使用料を受け取ることですが、これも輸出に数えられます。

第2章 経済を見る目を養う

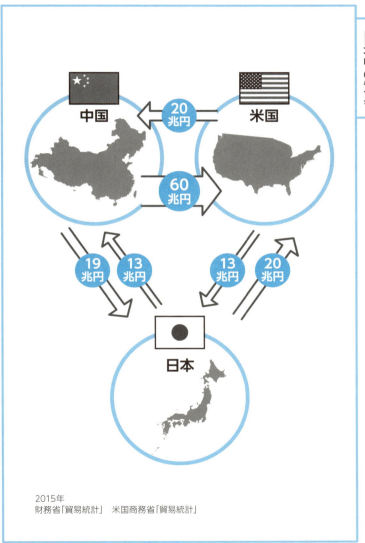

日米中の貿易

2015年
財務省「貿易統計」 米国商務省「貿易統計」

例えば外国の銀行に預金したら、その預金は金融サービスの輸出になるでしょうか。このような純粋な金融取引は、貿易とはみなされません。外国の銀行に預金したり外国の証券を買ったりすること自体は、利子や配当を受け取るための投資なので、貿易ではなく外国への投資ということになるのです。しかし、送金手数料や証券の売買手数料など、手数料を取るサービスを外国人に提供することは、金融サービスの輸出になります。

自由貿易と障害

貿易が自由であれば、分業が広がり世界全体の経済の効率は良くなります。そこで、輸出入にかかる税金である関税を世界的に低くしたり、廃止したりするという自由貿易が進められてきました。

しかし、個々の国の経済でみると、輸入ばかりが増加して生産が減ってしまい、雇用が失われるといった問題が発生してきます。そのため、自由貿易に反対し、関税を高くしたり貿易制限をしたりする保護貿易が主張されることもあります。

自由貿易をうまく進めていくためには、輸入代替が進み雇用が失われる分野への雇用対策などが必要でしょう。

point

- 貿易は国際的な分業の手段
- モノだけでなくサービスの貿易も進んでいる

いまを読み解く
日本の貿易構造

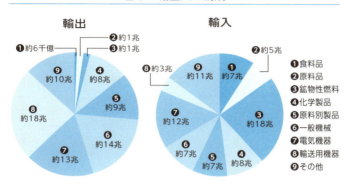

日本の輸出入の構成

輸出
- ❶約6千億
- ❷約1兆
- ❸約1兆
- ❹約8兆
- ❺約9兆
- ❻約14兆
- ❼約13兆
- ❽約18兆
- ❾約10兆

輸入
- ❶約7兆
- ❷約5兆
- ❸約18兆
- ❹約8兆
- ❺約7兆
- ❻約7兆
- ❼約12兆
- ❽約3兆
- ❾約11兆

❶食料品
❷原料品
❸鉱物性燃料
❹化学製品
❺原料別製品
❻一般機械
❼電気機器
❽輸送用機器
❾その他

2015年　財務省「貿易統計」

　日本の貿易構造は、長期間にわたって「加工貿易」と呼ばれる特徴がありました。輸出を見ると、化学製品、原料別製品（鉄鋼や金属製品など）、一般機械、電気機器、輸送用機器と、工業製品がほとんど占めています。特に資本財の輸出が主力となっており、日本企業の海外進出にともなって機械などの輸出がされていることも影響しています。高い技術力で付加価値の高い製品を輸出していくことが、引き続きの課題です。一方で、輸入について見ると、食料品、原料品、鉱物性燃料が大きな比率を占めています。近年は工業製品の輸入も増加しているので、加工貿易一辺倒ではなくなりました。中国を始めとする新興国からの消費財の輸入が、大きく増加してきています。

9

広がる多国籍企業の活動

国際分業は貿易に加えて、企業の海外進出でも広がっています。多くの国で活動する多国籍企業が生まれています。

強まる企業の海外進出

日本企業が海外に進出していく動きが強まっています。日本企業の海外進出は、1970年代に資本の自由化が進み始めた頃から始まりました。軽工業を中心に韓国や台湾に生産拠点を持ったり、輸出企業が欧米の輸出先の国に販売会社を設立したりしています。

1980年代には、日本の自動車などの輸出増で米国からの圧力が高まり、日本の有力自動車メーカーが米国現地での生産を始めました。また、中国が改革・開放政策をとって外資導入に積極的になったので、日本企業も中国に生産拠点を展開していきました。その後、日本企業の海外進出は業種を問わずに広がり、その動きはますます強まっています。2015年末のデータ（日本銀行・財務省）では、海外への企業進出にともなう投資の残高（対外直接投資残高）は、151兆6,150億円にまで増加しています。

海外への企業進出にはさまざまな理由があります。生産拠点を作る場合は、製品のコストを下げて利益率を上げる目的が多いです。賃金や土地代・輸送費といった賃金以外の費用

第2章 経済を見る目を養う

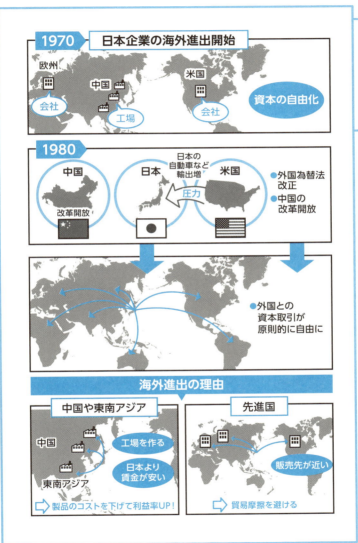

が、国内より安い国で生産しています。主に中国や東南アジアに進出しているケースが多いといえます。

他国の販売先で拠点会社を設置したり、金融取引をしたりする場合もあります。輸出を商社などに任せるのではなく、自らマーケティングをすることで、市場を確保しようという動きです。

ビルを買って貸し出すような不動産投資に見られるように、現地で投資によって直接収益を上げようという場合もあります。しかし、これは企業活動の進出ということとは、少し異質かもしれません。

大企業が「多国籍」に

こうした直接投資の増加を可能にしたのは、世界的な資本移動の自由化の流れです。日本の場合は、1980年に外国為替法が改正されたことで、外国との資本の取引が原則的に自由になりました。相手国の受け入れが可能であれば、日本から自由に企業進出できるようになったのです。

海外進出で先行していた米国は、1960年代に多くの大企業が欧州に進出し、「多国籍企業」になったといわれました。現在では欧米の多くの大企業の活動はたくさんの国にまたがっており、文字通り「多国籍企業」が世界経済のさまざまな分野を担うようになっています。

日本企業も海外進出を積極的にした結果、こうした欧米の企業に並ぶ多国籍化した企業が増えてきました。これらの企

業は株主も多国籍になっており、多くの日本企業で株式の半分以上を外国人が保有するという状況も生まれています。そのため、経営体制もグローバル時代に合わせていく必要が出ています。

国境を越えた企業買収も盛んに

近年は日本企業も外国企業も、他国企業を買収する例が増えてきました。それも数兆円規模の大型のものが、目立ってきています。これも外国への企業進出の例になります。

いまでは企業買収が、外国への企業進出という直接投資のかなりの部分を占めるようになりました。ただし、企業買収は、売却意向に対して複数の買い手が現れるため、買い手の競争が発生します。取引を成立させるには、相当の資金力が必要です。そうした競争に勝つためには、企業が持っている資金が潤沢になっていて、買収資金をすぐに用意できることが重要になります。また買収資金を外部資金で補充するなど、銀行等から借り入れすることが比較的に容易になると、大型の企業買収がより活発になるでしょう。

point
- 企業の海外進出が増加し、多国籍企業が多く生まれている
- 近年は企業買収による海外進出も増加した

いまを読み解く
企業買収の大型化

ソフトバンク、過去最大買収
IoT時代、来るの？

ソフトバンクグループは18日、英国の世界的な半導体設計会社アーム・ホールディングスを約240億ポンド（約3兆3千億円）で買収すると発表した。

アームは半導体の設計だけを手がける。スマートフォンでは、頭脳にあたるCPU（中央演算処理装置）の90％を超える世界シェアを握る。

ソフトバンクにとって最大の買収で、日本企業による海外企業の買収としても過去最大規模になる。孫正義社長は記者会見で「いままでで一番興奮している」と語った。

家電や自動車などあらゆるモノがセンサーや通信機能を持ち、ネットを介して情報をやり取りする「IoT（Internet of Things／モノのインターネット）」時代が来ると見込む孫氏。「2040年には、1人当たり1千個の機器がネットにつながる。アームのチップ（半導体）の出荷は何百倍にも伸びる」と予想する。

朝日中高生新聞、2016年7月24日付、企業買収を報じる新聞記事

　ソフトバンクは米国通信大手スプリント（買収額2兆1000億円、2013年）に続き、日本企業による企業買収としては最大規模となる英半導体企業ARM（同3兆3000億円、2016年）を買収しました。こうした大型企業の買収は、日本たばこが米RJRナビスコの国外たばこ事業（同9400億円、1999年）、英たばこ大手ギャラハー（同2兆2500億円、2007年）の買収をして事業を海外へ大きく拡張したあたりから活発化してきました。サントリーによる米酒造大手ビームの買収（同1兆6800億円、2014年）など、飲料業界や保険会社による大型買収が増えました。2015年に日本企業が行った海外企業の合併や買収は、11兆1975億円（助言会社レコフ）と過去最高でした。買収規模が大型化してきています。

10

経済発展の光と影

産業革命以来の経済発展は、人々の生活を改善してきた一方で、さまざまな弊害も生み出しました。

労働問題の発生

産業革命以来の経済発展を振り返ると、それまでの主力産業だった農業が先進工業国では衰え、農村から都市に労働者が吸収されていきました。労働条件など法規制もなかった時代は、働く以外に生活手段を持たなかった人々は、かなり劣悪な労働条件で働くことを余儀なくされていました。児童労働も、多くの場面で使われていました。経済発展の一方で、苦しい生活を強いられる人々が増えたのです。

産業革命の発祥地である英国では、過酷な環境に労働者の反抗が起き始めると、1833年に工場法を制定して労働時間や児童労働の制限を始めました。この時の労働時間の上限は、週69時間でした。実施状況を監視するために、工場監督官も配置されました。

労働者が団結することは長く禁じられていましたが、1825年に英国で多くの制限が課されたものの労働者の団結が許されるようになりました。1868年には安定した全国組織が生まれ、1870年代に労働組合は正式に合法的なものとなりました。その後、米国や他の欧州諸国、日本などにも広がりました。

賃金を始めとする労働条件は、使用者と労働組合との交渉で決めていくという形が出来上がっていきました。

市場経済の限界

基本的に市場経済では、自由な経済取引がされることで、価格と数量が市場メカニズムによって決まります。その結果、効率的な経済資源の配分がされるという原理を基礎にしています。完全な競争市場が成立していると仮定すると、市場メカニズムを徹底すれば、効率的な経済になるといえます。しかし現実には、完全な競争市場ではないので、自由な市場取引では解決できないさまざまな問題が発生します。

うまくいかない場合として、「情報の非対称性」といわれる問題を挙げることができます。取引する人々の間で、得ている情報に格差があることを指しています。完全競争というのは、情報があまねく、取引するすべての人に行き渡っていることが前提です。しかし、これはもともと無理な仮定だといえるでしょう。より情報を得ている人が、有利な取引ができる、というのが現実です。

例えば、証券市場における「インサイダー取引」です。一般の投資家は公開された情報しか入手できません。それ以上の企業経営に関する重要事実を知っている人は、もし自由に取引できれば有利になりますが、これは不公正であるということで、取引を制限する規制となっています。

「環境へのただ乗り」といった問題もあります。例えば、

第2章 経済を見る目を養う

工場が廃液を排出してしまうと、周りの生活環境が悪化したり、漁業に被害が出たりします。本来は工場が廃液をクリーンにしたり、補償をしたりすべきですが、適切な規制がないとそうした問題は解決できません。

市場経済をうまく機能させるには

市場の寡占や独占という問題もあります。売り手あるいは買い手として、ある商品の市場で大きなシェアを握っていると、価格をコントロールできます。売り手の場合には価格を高めにして、買い手の場合には価格を低めにして、特別な利益を得ることができます。しかし、これでは完全競争の場合に比べて、配分が歪んだものになり、経済は非効率になってしまいます。これを防ぐため、独占禁止法などの法律の整備や、公正取引委員会など不公正な取引を監視・摘発する組織が作られています。

市場経済は競争が適切に行われ、公正に取引されることによってうまく機能します。より良い経済システムを築くには、まだまだ研究と議論の積み重ねが必要でしょう。

point

- 経済発展の過程では、過酷な労働条件や環境問題など自由市場では解決できない問題が発生
- 市場経済をうまく機能させるより良い経済システムの構築が必要

歴史から読み解く
公害問題

熊本市の熊本地裁前で、提訴を前に原告団が集会を開いて気勢を上げる　水俣病公式確認50年、2005年12月19日撮影©朝日新聞社

　日本が戦後の高度成長期にあった頃、各地にコンビナートが作られ、重化学工業が発達しました。その一方で、大気や水の汚染など公害問題が深刻になりました。工場が十分に処理していない廃液や排ガスを放出していたからです。1950年代半ばころ、熊本県水俣市で化学肥料工場の廃液にメチル水銀が混ざっていたことから、これが魚介類等に蓄積し、それを人が食べて神経系の疾患が発生しました。これは「水俣病」と名づけられ、同様の病気は新潟県阿賀野川流域でも発生しました。原因がすぐには特定されなかったため、大量の被害者が出ました。そのほかにも、東京で大気汚染によって光化学スモッグが発生するなど、多くの公害が発生していました。

第 3 章
世界経済

経済は世界の出来事と、広く深く関わっています。
ひとつの国の問題が、世界全体の経済に
影響する出来事につながることもあります。
どのような問題が、
世界で起きているのでしょう。
危機に対処するために、
どんな国際機関や多国間の取り組みがあるのでしょう。
現代の世界経済について、見ていきましょう。

1

繰り返す金融危機

　世界経済を見るうえで、金融危機は多くの国に影響を及ぼす出来事です。どのように起きるか、考えてみましょう。

リーマン・ショック

　リーマン・ショックと呼ばれる金融危機が、2008年9月に米国で起きました。米国の有力投資銀行だったリーマン・ブラザーズが破たんしたことで名づけられたのです。この危機は世界的な金融危機へと発展し、世界中で株価が大暴落しました。米国では消費などの需要が急減し、日本では特に自動車などの輸出産業が大きな打撃を受けました。

　ひとつの投資銀行の破たんが、なぜこのような世界の経済危機にまで発展してしまったのでしょうか。この後詳しく述べますが、一言でまとめると、金融機関がリスクを取り過ぎたことで不動産や証券などの資産価格にバブルが生じ、それが逆転してしまったために、金融システム全体を揺るがす出来事になったのです。実際にはリーマン・ブラザーズという一社の問題ではなく、米国を中心に世界中の多くの大手金融機関が、同様の問題を抱えていたのです。

サブプライム・ローンと証券化

　リーマン・ショックでもっとも問題だったのは、サブプラ

第3章 世界経済

リーマン経営破綻

資産6300億ドル、過去最大
サブプライム危機 金融再編へ

メリルは身売り バンカメに

朝日新聞、2008年9月16日夕刊、リーマン・ショックの新聞記事

米国大手の投資銀行が破たんしたことを報じた記事です。これをきっかけに、世界的な金融危機が発生しました。

イムローンという住宅ローンとその証券化でした。サブプライムローンとは、通常の住宅ローンよりかなり条件が緩い住宅ローンです。例えば、所得が十分でなかったり、過去にクレジットカードの支払遅延があったりして借りる人の信用力が低い場合でも、金利を上乗せして貸すローンです。

　このサブプライムローンを2000年代に入ってから米国の金融機関が積極的に取り扱うようになり、これまで住宅を買うことができなかった人たちの間で住宅ブームが起きました。住宅価格も上昇し、2007年3月のピーク時には2000年当初から67%の上昇（連邦住宅金融庁の指数）が起きました。この間の住宅賃貸料の上昇は26%に過ぎませんでしたから、値上がりを期待することによる住宅購入がブームになったことが伺えます。

　こうした住宅購入資金の供給が可能になったのは、ローンを証券化したことにあります。資金の貸し手である銀行のリスクから切り離し、機関投資家の投資対象にしたのです。具体的に説明すると、個々のローンではなく相当数をまとめて塊にし、そこから生じる利子や元本の返済を裏付けとした証券を発行しました。その際に、種類をいくつか分けて、①最終的な返済リスクを取るけれども、かなり高金利が得られる証券、②ほとんどリスクはなく通常の金利の証券、③その中間の証券、といったものが発行され、投資家のニーズに沿って販売されました。さらに高いリスクの証券の派生商品といった複雑な金融商品が生まれ、サブプライムローンによる住

宅購入ブームを後押ししたのです。

住宅価格の上昇が続いているうちは、ローンを返済できない人が出ても売却すればよかったので、金融の問題は出なかったのです。しかし、価格上昇が頭打ちになってくると、損がでるために売却だけでは返済ができなくなる事例が増え、一気にサブプライムローンへの不安が広がっていったのです。その結果、住宅購入ブームは終わり、価格も大きく低下して、問題はより深刻になりました。多くの金融機関や機関投資家が損失を被り、その中でリーマン・ブラザーズが破綻したことで金融危機に発展したのです。

不動産価格依存のブームは危機の前兆

1980年代の日本のバブルも同様でしたが、不動産など資産の価格が大きく上昇し、その上昇への期待から貸し付けが増えていくブームは、比較的経済が好調で金融が緩和している時に起きやすい現象です。

金融規制などの改革で、金融機関が安易にこうした現象に踏み込まないようにするといった対策もとられていますが、簡単には解決しません。不動産など資産ブームの後には大きな反動が来るという教訓を、政策運営に活かすべきでしょう。

point
- 不動産ブームの後には金融危機が起きることが多く、何度も繰り返されてきた

いまを読み解く
Too big to fail 〜大きすぎて潰せない〜

リーマン・ブラザーズの破たんで東京株式市場も一時、前営業日比650円以上安と大幅に下落した　米リーマン破たんで東京株式市場が株価下落、2008年9月16日撮影©朝日新聞社

　以前から金融危機になるたびに、大きな損失を出して債務超過になった金融機関を破たんさせて良いのか、という問題が生じました。巨大金融機関が破たんすると、連鎖的に金融機関の破たんが生じ、金融システムが機能不全に陥ってしまうからです。これは「Too big to fail（大きすぎて潰せない）」といわれます。リーマン・ショックの時にも、リーマン・ブラザーズが破たんした後は大手金融機関に公的資金が注入され、破たんさせないという救済策がとられました。一方でこうした救済によって、金融機関側のリスク管理が甘くなってしまうというモラルハザードの問題が生じると指摘されています。そのため、国際取引をしている巨大金融機関には、より強い金融規制がかけられるようになりました。

2

欧州の国家債務危機

リーマン・ショックでは米国の金融市場が大揺れしましたが、欧州にも波及して政治に大きな影響を与えました。

ギリシャ・ショック

ギリシャでは、2009年10月に総選挙の結果、政権交代が起きました。勝利した全ギリシャ社会主義運動新政権は、それまでの新民主主義党政権が国家財政について虚偽の発表をしていたことを暴露しました。財政赤字はこれまで発表された額よりかなり大きいことがわかったのです。そのため、国際金融市場でギリシャの政府債務の信用が大きく低下しました。

ギリシャは政府債務の信用を落としたため、国債の発行コスト（支払い金利）が劇的に上昇してしまいました。財政赤字が拡大して国債の金利が上がれば、金利支払いがさらに財政赤字を生んで赤字が累増していきます。

こうした財政危機を乗り切るためには、外からの金融支援を受けなければなりません。欧州連合（EU）や国際通貨基金（IMF）などが金融支援をするための条件は、これまでの債務を返済し、財政緊縮策という赤字削減の取り組みをすることです。増税や公務員給与・年金のカットなどの財政緊縮策は、国民の大きな反発を受け、大規模なストライキやデモにつながりました。

他の欧州諸国にも波及

 2010年にギリシャ危機が表面化すると、それに連動したかのように、ポルトガルやアイルランドの財政赤字が市場の危機意識を刺激しました。これらの国の債務の信用度も下がり、国債金利が跳ね上がったのです。特に一時は、アイルランドの金利の上昇が目立ち、財政危機が国際金融市場でクローズアップされるようになりました。

 アイルランドは、1990年代半ば頃から金融の規制緩和を進め、首都ダブリンに金融特区である「国際金融サービスセンター」を設けて金融業を誘致しました。金融特区に進出した企業には、10%の法人税などの優遇措置が受けられる仕組みにしたのです。この政策はいったんはうまくいき、金融やIT産業の立地が活発になりました。リーマン・ショックが起きるまで、アイルランド経済は高い成長を実現していたのです。

 しかし、金融業に成長を依存したアイルランド経済は、リーマン・ショック以降は苦しくなり、税収も減って財政赤字が急拡大しました。そのようなタイミングでギリシャ危機が起き、その余波でアイルランドの国債金利も上昇したのです。

 ポルトガルやスペインも同様に、財政赤字が大きかったことから国債金利が上昇し、いったん窮地に陥りました。イタリアやフランスの国債金利が、多少上がった時期もありました。

 2015年1月のギリシャ総選挙で、緊縮策に反対する左派政

ギリシャ危機 当面回避へ
1.3兆円追加融資 ■ IMFも支援検討

ギリシャが当面は財政危機を回避できる見通しになった。欧州連合（EU）のユーロ圏財務相会合が25日、ギリシャへの103億ユーロ（約1兆3千億円）の追加融資に応じる方針で合意したためだ。国際通貨基金（IMF）が支援復帰の条件として求めている債務負担の軽減の計画についても基本合意し、IMFは復帰の検討に入る。

103億ユーロの追加融資は、昨年8月に決めた3年間で最大860億ユーロ（約10兆6千億円）の支援策の一環で、ギリシャの改革を最終評価したうえで6月に75億ユーロを融資する予定だ。ギリシャは、7月に迫る欧州中央銀行（ECB）が持つ国債23億ユーロの返済資金などの確保にめどがつき、少なくとも夏場の資金繰りは乗り切れる見通しとなった。

ただ、ギリシャの債務は2020年に国内総生産（GDP）比174％と高水準にとどまる見込みで、IMFなどは債務負担軽減の必要性を訴えている。IMFは10年以降、ギリシャ支援に応じてきたが、昨年8月に決めた現行支援策については「債務の負担軽減が前提」として参加しなかった。IMFは今回の合意内容を精査したうえで、年末までに復帰するかどうか決める。（ロンドン＝寺西和男）

欧州に広がった金融危機の鎮静化のために、EUやIMFの支援が行われました。

朝日新聞、2016年5月26日朝刊、ギリシャ危機の対応についての新聞記事

権が誕生しましたが、EUなどとの交渉の結果、一定の緊縮策を受け入れたうえで金融支援が合意されました。ギリシャに返済猶予や追加資金の提供といった3年間の「欧州安定メカニズム（ESM）」による支援を行うことになり、当面の金融危機は回避されました。

欧州の通貨統合に課題

ギリシャの財政赤字が国際的に大きな問題であるのは、欧州の通貨統合を進めてきた統一通貨ユーロが、存在し続けられるかどうかに関わっているからです。ギリシャ問題は、欧州で通貨と金融政策は統合できても、国家財政は統合できていないという問題を浮き彫りにしました。国家財政が統合できていなければ、個別の国の財政赤字問題がその国の国債金利の高騰につながり、金融システムにも大きな悪影響を与える事態を回避できません。これはユーロという通貨に対する信認の低下にもつながります。

国家財政は主権の問題であり、それをEUが統合することは政治的にかなり難しい課題だといえます。完全な財政統合に代わる資金調達の方法の工夫など、模索されています。

point

- ギリシャでの財政赤字拡大が、国債金利の急上昇を招き、欧州の他の国にも広がってしまった

社会を読み解く
EUとは？

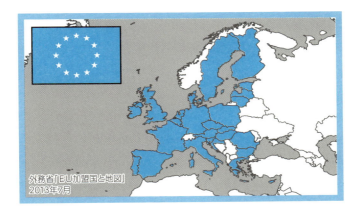

外務省「EU加盟国と地図」
2013年7月

　EUは、1993年にマーストリヒト条約が発効して生まれた欧州の国家連合です。2017年時点では28ヶ国が加盟し、人口は約5億人です。EUの成立前は欧州共同体（EC）があり、西欧諸国を主体に経済統合を進めていました。EUは経済だけでなく、加盟国の国家主権の一部を超国家機構に委譲し、政治的・経済的統合を進めていくことを目標にしています。通貨（ユーロ）と中央銀行の統合も進められました。EUには、欧州理事会（EU首脳会議）、意思決定をする閣僚理事会、政策の立案・執行機関である欧州委員会、直接選挙で選ばれる欧州議会などがあります。英国は2016年の国民投票でEU離脱を決め、EUは統合をさらに深めていけるのか岐路にあります。

3

IMFの役割

　国際金融のうえで大事な機関に、国際通貨基金（IMF）があります。どのような国際機関なのでしょうか。

IMFと世界銀行

　毎年秋にIMFと世界銀行の総会が開かれます。両者は米国の首都ワシントンに本拠を置き、関係が深い国際機関です。
　IMFは国際通貨基金（International Monetary Fund）の略称で、世界の通貨体制を支える組織です。通貨危機を未然に防いだり、発生した場合に対処したりする機関で、国際金融市場を支えています。加盟国数は188カ国（2016年3月現在）と、ほぼ世界の国を網羅しています。
　IMFでは、加盟国が経済の規模に応じた出資をしており、基本的には出資額に応じた議決権があります。出資比率が15％以上だと、決定に対する「拒否権」を持てることになっています。実際には米国が17％を出資していて、唯一15％以上の出資をしている国です。つまり、米国が反対することは、決まらないことになるのです。
　一方で、世界銀行は実際には2つの機関からなっています。ひとつは国際復興開発銀行（IBRD）で、中所得国と信用力のある低所得国の政府に貸し出しをします。もうひとつは、国際開発協会（IDA）で、最貧国の政府に無利子の融資（クレ

ジット）や贈与を提供しています。世界銀行は、発展途上国の経済発展を援助する機関と位置づけられます。

まとめると、IMFは通貨体制を維持する機関、世界銀行は開発援助のための機関となっています。

IMFの仕組み

IMFについて、詳しくみていきましょう。IMFの加盟国は、出資金に応じて資金を引き出す権利を持っています。その資金とは、特別引出権（SDR）と呼ばれる主要通貨を組み合わせた資金です。SDRの構成通貨は2016年10月時点で、米ドル、ユーロ、円、英ポンド、人民元となっています。

加盟国の中には、国外から入るより、出ていくお金が多くなり、「外貨」の不足が起きる場合があります。例えば輸入ばかり増えて輸出が増えない時や、資金が大量に国外に出てしまうような時です。そうすると外貨が足りなくなり、輸入や外国との資金取引ができなくなります。そうした事態に備えるために、各国は外貨準備を公的に保有しています。

しかし、それでも外貨が不足すると通貨の暴落が起き、国際取引もマヒする状態になる場合が出てきます。そこで、そうした危機に際してはSDRを引き出して、国際的な取引が可能になるようにしようという仕組みなのです。

国際金融危機への対処

実際に発展途上国などで、外貨不足になって通貨が暴落す

るような事態になると、短期の外貨資金で事態が好転することはほとんどありません。1980年代にブラジルやアルゼンチンなど中南米諸国が対外債務を累積させたことから、通貨の暴落が生じ、国際的な金融危機が起きそうになりました。IMFが貸し付けをして大規模な危機を避けるようにしましたが、簡単に中南米諸国の債務が削減できたわけではありません。IMFが貸し付けを延長しながら、条件として、その国に国際収支を改善させるような政策をとらせようとしたのです。つまり、緊縮政策によって輸入を減らし、輸出を増やすようにという政策でした。その結果、国民に我慢を強いることも多くなり、緊縮政策一辺倒ではうまくいかないという教訓も生まれました。

1997年にはアジアで通貨危機が起きましたが、これもIMFが主導して収束させました。そうした対処が必要なことから、IMFの融資制度は拡張され、融資額も増えてきました。

途上国の問題だけでなく、2008年のリーマン・ショック時にも、国際的な資金の流れをマヒさせないために、IMFはSDRを大量に配分しました。主要国の中央銀行との連携のもとに国際金融の安定を図るのも、IMFの重要な役割です。

point

- IMFは世界の通貨制度や国際金融市場を支える役割を果たしている

第3章 世界経済

アジア通貨動揺広がる

インドネシアが投機防止策
高成長にブレーキ

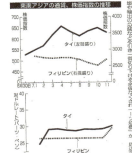
東南アジアの通貨、株価指数の推移

【バンコク１日＝田中彰也】フィリピン中央銀行は１日、ドルに対する固定相場ペソの変動幅を広げることを決め、事実上の通貨切り下げに踏み切った。インドネシアの株価も急落するなど、タイ・バーツの変動をきっかけに、通貨下落のための短期金融の引き上げや、通貨防衛のための南東アジア各国の成長のにぎりなどを受けており、昨年からあげ始めた南東アジア経済の成長率にブレーキがかかる懸念が広がってきた。

東南アジアでは、タイの金に投機資への対策にバーツは、不動産バブルの崩壊や輸出の鈍化などを引き金に、買い切り下げを余儀なくされ、バーツの変動相場制への移行となった。他の南東アジア各国にも波及するとみられていた矢先のフィリピン・ペソの対策だった。さらに、フィリピン・ペソの対ドルレートの切り下げが、バーツ同様、ドル切下げ制に近いものとなる材料と見られ、「東南アジア各国の一斉通貨切下げに至る一連の懸念も起きさせた。株

東南アジア諸国の通貨が一斉に暴落し、経済危機が発生しました。

朝日新聞、1997年7月12日朝刊、アジア通貨危機の新聞記事

図表から読み解く
外貨準備

外貨準備のランキング

1	中国	3兆3450億ドル
2	日本	1兆2070億ドル
3	サウジアラビア	6160億ドル
4	スイス	5670億ドル
5	韓国	3630億ドル

2015年末　IMF

　外貨準備とは、政府や中央銀行が公的に保有している外国貨幣を指しています。最終的な支払い手段となり得るという意味で、金の保有を含める場合もあります。日本の場合には財務省のもとで、国の財産として外貨準備が保有されており、約1.21兆ドル（2016年末）となっています。外貨準備は、政府が為替市場に介入した場合に増減します。自国通貨を売る場合には、外貨を買うことになるので外貨準備が増え、自国通貨を買う場合には外貨を売ることになるので外貨準備は減ります。外貨準備は自国から資金が逃げ、自国通貨が危機に落ちた状況で、政府が自国通貨を買い支えるための準備です。その大きさは、通貨の国際的な信認にもつながります。

4

世界第2の経済大国になった中国

中国のGDPは、米国に次いで世界で2番目になりました。どのように経済発展し、どんな課題があるのでしょう。

改革・開放政策で工業化

　中国経済はいまや世界第2位のGDPに発展しました。社会主義国である中国は、1978年の改革・開放政策の開始以来、市場経済を取り入れて経済発展を成し遂げてきました。それ以前にも、国営企業によって重工業を重視した工業化が進められていましたが、改革・開放以降は沿岸部を中心に外国企業を誘致し、輸出を目的とした軽工業を育成しました。その結果、電子（エレクトロニクス）産業が発達し、日米欧をはじめとして輸出を大きく増やしました。

　2000年代に入ると、輸出振興策は国内の経済成長を大きく刺激し、年10％以上の高度経済成長を成し遂げました。この牽引役は、輸出と投資でした。その結果、中国は「世界の工場」と評されるようになったのです。国際収支も大きな経常黒字を生み出し続け、それを背景に大きな外貨準備を積み上げています。外国への投資も活発化し、中国の通貨である人民元は国際通貨としての地位も高めています。

必要な経済構造転換

2008年のリーマン・ショック以降の世界経済全体の停滞にともなって、中国の経済成長率も低下していきました。一方で、沿海部を中心に住宅価格が高騰するなど、バブル的な動きも出てきています。

中国は輸出と投資で大きな経済成長を成し遂げましたが、その成長構造は限界にきているようです。中国の経済学者たちも、「投資主導」から「消費主導」への転換が必要であることを指摘してきました。しかし、消費主導に移行することは簡単ではありません。中国政府は、投資主導から消費主導への転換を、緩やかに進めようとしています。

産業の面では、工業化からサービス化への動きを強めています。インターネットを利用した流通・サービス産業は急速に発展しており、今後の中国の産業構造転換の方向を示唆しています。また、経済発展の著しい沿海部と開発が遅れている内陸部、都市と農村、といった経済格差の問題があります。中国政府は、地方の都市化を進める「新型都市化」政策や、内陸部の開発に力を入れる政策をとっています。しかし、格差解消には長い時間がかかりそうです。

少子高齢化

中国では高成長時代から「新常態」への移行ということが強調されています。「新しい正常な経済成長」という意味です

中国GDP 日本抜く

3年ぶり2けた成長
10年、米に次ぎ2位確実

【北京=吉岡桂子】中国国家統計局は20日、2010年の国内総生産(GDP)が、物価上昇分を除いた実質で前年に比べて10.3%増えた、と発表した。前年の9.2%を上回り、3年ぶりに2けたの成長率を回復した。10年の名目GDPは39兆7983億元（約5兆8813億ドル）で、日本を抜き、米国に次いで世界2位になることが確実になった。=12面に日本国内の動き

日米中の名目GDP

（国際通貨基金(IMF)の資料から。日本の2010年はIMFの予測値、中国の09年と10年は中国政府の発表値）

日本は1968年に西ドイツ（当時）を追い抜いて手にした「世界2位の経済大国」の看板を下ろすことになった。

日本の10年10～12月のGDPは2月14日までに公表されていないが、10～12月以降減でも、日中は逆転しなかったことで、日中逆転は確実と高かったとで、国際通貨基金(IMF)の予測を基にした内閣府の試算によると、10年は日本の名目GDPが5兆4,742億ドルとなる。世界銀行によると、中国の11年の実質成長率も7%に減速するものの、世界平均（3～5%）を大きく上回る成長が見込まれている。IMFは、15年には中国の名目GDPが日本の1.5倍になると予測している。

米国の半分を超える予測で、順位は英国の銀行による予測では2020年には米国を抜き世界首位となる、と予想している。ただ、人口1人当たりの水準でみると、中国は世界100位以下の一つ。貧困の格差や資源の需要や公害などで成長のひずみも目立ち、中国政府は、いずれも成長を維持するとともに、社会不安につながりかねない分野として、11年からの5カ年計画では、経済成長と同じレベルで家計の増収をはかるとの目標を盛り込む。

国内総生産(GDP)
国内で一定期間に生み出された財・サービスの合計額で、国の経済規模を表す。GDPの名目値から物価上昇分を差し引いたのを実質GDPといい、伸び率を実質経済成長率という。

10年で4倍という急速な「大国化」にも、疑念はぬぐえない。軍事力の増強、地球温暖化ガスの排出問題やレアアースの輸出規制などでは、国際社会からも反発も出る。

輸出競争力を維持するため、人民元の対ドル相場を安く抑える政策や、石炭の買い占めなど、新興国との買収資金ぐりが、 新興国との買収資金ぐりが、成長を生み始めている。

【北京=西宮岳】日本のGDP逆転について、馬建堂・GDP逆転について、馬建堂・中国国家統計局長は20日の会見で、「中国国家統計局は、新興国発展国としての基本国情は変わっていない」と述べ、「質と効率を改善するような、量だけでない成長」が重要だと強調。GDP拡大一辺倒から、「質を追う」なかで、こうしいた経済を今後、継続的になれればならない」と指摘した。

改革・開放政策で「世界の工場」となった中国は、GDPが世界第2位に躍り出ました。中国は世界第2の経済大国に成長したのです。

朝日新聞、2011年1月20日夕刊、中国のGDPについての新聞記事

が、落ち着いた中成長の経済に移行することを望んでおり、今後は政府が無理して高成長を追求しないということも意味しています。

その大きな要因には、人口問題があります。中国は1979年から2015年までの長期間、一人っ子政策をとってきました。一人っ子政策は見直されましたが、ただちに出生率が上がることは期待できません。そのため、若年人口の減少は続いていく見通しであり、今後は労働力の減少と高齢化の問題が現実化してきます。

中国の生産年齢人口(男15歳〜59歳、女性15歳〜54歳)は、2015年に8.81億人でピークを迎えたと推定され、2020年からの15年間では1億人以上減少すると予想されています。一方で、年金受給人口(男性60歳〜、女性55歳〜)の構成比は、2020年には20%を超え、2035年には30%を超えると予想されています(数値などは大和総研調べ)。

労働力の減少は、経済成長にはマイナスに働きます。高齢化により、1人の現役勤労者が支えなければならない高齢者の数は増加していきます。この負担を緩和していく生産性の上昇が求められており、そのためにはイノベーションが必要になってくるでしょう。

point

- 高度経済成長を達成した中国経済は、中程度の安定成長を模索し構造転換を進めている

社会を読み解く
知的財産権の問題

さまざまな知的財産権　写真：PIXTA

　「世界の工場」である中国では、欧州の高級ブランド品の模造品が多く製造されてきました。中国国内だけでなく、一部は欧米や日本にも入ってきているといわれています。ブランド品の模造品を販売することは、知的財産権である意匠権を侵害していることになります。また、ソフトウェアの無断コピーといった問題もあります。これも、知的財産権である著作権を侵害するものです。こうした偽ブランド品やコピーソフトウェアの販売を取り締まるよう、先進国から中国に対して強い要請がされてきました。中国も知的財産権への侵害を取り締まるようになってきましたが、なかなかなくならないのが現実です。いまも中国の大きな通商問題になっています。

5

新興国経済の課題

21世紀に入ってから、中国、インド、ブラジル、ロシアなどの新興国が、世界経済のなかで存在感を増しています。

新興国の経済成長パターン

新興国と呼ばれる国々は、多くの人口を抱えており、豊富な天然資源も生かして経済大国へと変貌を遂げようとしています。

その一角である中国は、前節でみたように、改革・開放政策のもとでの輸出振興と国内投資を増やす工業化によって、経済を発展させてきました。今後は個人消費を主導役に、中程度の成長を持続できる経済に転換させつつあります。

もうひとつの新興国の大国はインドです。1991年に経済政策を転換し、自由化を進めました。中国ほどではありませんが、2003年から7％を上回る経済成長が6年連続で続きました。中国と比べると、IT産業の発展が特徴的です。インドでも投資主導から個人消費を主導とする転換が起きつつあり、経済成長を維持しています。

新興国のなかでブラジルの場合は、工業化というよりも、天然資源をいかした経済成長という面が強い国です。鉄鉱石などの輸出が外貨を稼ぎ、経済成長を支えました。背景には、中国が世界の工場へと急成長していき、その原材料を供給し

第3章 世界経済

結婚式で新婚カップルの送迎用として利用が増えたストレッチリムジン=グルダスプール、都留悦史撮影

膨らむ中間層 消費牽引
2020年に8億人 変わる流行

潮流 インド

結婚式にリムジン ■ サリーに日本製素材

新興国経済が減速するなかで、インドの好調ぶりが目立つ。牽引役は拡大する中間層だ。世界銀行によれば、2020年には中間層が約8億人となり、世界最多の中国を抜く。その購買力は新興国型から世界共通へと変化をとげつつあり、新たな消費動向が広がっている。

10月中旬、威圧感を放つ白色のストレッチリムジンが、インド北西部の食堂街グルダスプールを走り抜けた。隣の道路が未舗装の小さな村に変化をもたらし、「自分の結婚式の時、私も乗りたい」。息子の時も愛で花嫁のカップルを見て、村を出たばかりの男性(19)の義妹で友人たち3姉妹は、声を生けた。「今はそれだけではない。古より民族を混ぜるカップルが増え、日本語のドラマも見られる。日本車の中間層にとって大きな憧れとなっている」。知人武が伝統的にきた。インドは従来、「家族の絆が強く、消費タブーは倹約型・貯蓄型と言われてきた」と語る。

若者の雇用 成長持続のカギ

15歳以上人口の半分以上が35歳未満というインドには、近年活発な経済成長を支える要因がある。ただ、いま注目すべきは、中間層の広がりと市場の多様化、購買力の高まりだ。

ユーロモニターによれば、インドで富裕層と呼ばれる年収6千ドル以上の世帯数は、1990年代の約100万世帯から、現在は約5千万世帯にふくらんでいる。2020年までさらに1億世帯を超えるという。

「首都市やその周辺だけでなく、国各地で消費が旺盛になっている」という調査機関CARE代表のビデン・アナンド氏は(38)は語る。

インドでは中間層の拡大で車や家電だけでなく、雑貨や衣食住の細部で消費が進む。「インド・メイク・イン・インディア」を掲げるモディ政権は、国内の雇用拡大へ製造業の育成を国家戦略としているが、農業の近代化や、IT(情報技術)・金融産業などの雇用拡大も成長持続のカギだ。

もっとも、製造業の活発化のためには、各州ごとに複雑だった税制を統一する「GST」（物品サービス税）が導入される今年7月の大改革が注目される。インド政府は、若者の雇用拡大にむけて、年間1千万人を上回る新卒就業者への受け皿を作らねばならない。新たな所得者層が、ことに都市部から離れた地方でも、近代的な消費者として経済を引っ張る新しい波となるかが、今後の焦点だ。

若者の雇用機会とそれに伴う所得増が、今後のインド経済と中間層にとってカギとなるだろう。

インドは金融商品の3分の1はまだ北方形式だが、新タイプの消費意識を金融化としても、金融サービスのデジタル化も推進している。旭化成は消費地インドに着目し、40年前からベンガルールで工場を稼働。日本からインドへの素材輸出も増えている。

日本企業の好機にもなる。昨今、新興国への拡大が著しい家電製造業、ベンガルールで工場を稼働する旭化成は、印刷用のポリエステル樹脂を生産し、年間15万トン・インド市場向けに出荷する。さらに中間層の拡大で需要が急増したサリー向け素材で、ブランド価値が高まるよう、広告宣伝にも力を入れる。1990年代後半にインド進出したサリー素材を現地生産、日本から細い糸を輸入し、インド工場で織り上げる手法で、品質向上と価格のバランスを両立する。

（都留悦史・グルダスプール、富崎）

新興国では、経済成長にともなって、個人消費も大きくレベルアップしました。

朝日新聞、2016年11月24日朝刊、インドの経済成長についての新聞記事

ていったという構図があります。

ロシアの場合も、経済成長は天然資源頼みで、とりわけ石油やガスへの依存が強くなっています。エネルギーの輸出と関連する産業への投資が、主導役になっています。また、得られた外貨収入が、消費財などを輸入する原資となっている構図があります。

中進国のワナ

新興国の高成長を主導するのは、設備投資です。設備投資によって、供給力の拡大がもたらされるからです。

これまでの発展途上国は、投資主導型の経済成長が起きると、資本財などの輸入が増えました。一方で、輸出の増大につながるには時間がかかるため、貿易収支は赤字になるのが普通でした。1960年代から1970年代の中南米諸国は、そのような事情で累積債務問題を抱えるようになったのです。

ところが、21世紀に入ってから加速した中国、インド、ブラジル、ロシアなどの新興国の経済成長は、投資の増大が新興国の貿易収支の黒字化と両立したのです。裏側には、輸入国である先進国の側の貿易収支の赤字拡大や黒字縮小がありました。

しかし、2011年以降はこうした姿に変化が出てきています。世界の工場から転換しつつある中国の成長率が低下し、それが天然資源の価格を下落させました。資源への依存が強い新興国や開発途上国の交易条件が悪化し、採算に合う投資

プロジェクトが減って投資が鈍化しています。

かつての中南米諸国の累積債務のような問題は出てきていませんが、新興国が中進国（中所得国）となった時点で成長が鈍化してしまうという「中進国のワナ」と呼ばれるハードルを越えられるのかどうか、注目されます。

容易ではない産業の高度化

中進国のワナにはまらず、経済成長を持続させるには、従来の成長の構図を転換していかなければなりません。特に付加価値の高い産業への高度化が欠かせないでしょう。

そのためには、技術の獲得や人材の育成、透明性の高い法治が必要です。方向性は理解されていても、こうした社会の改革はすぐに進まないのが現状です。

東アジアでは、韓国や台湾が1980年代に高成長しましたが、1990年代後半には成長が鈍化しました。その後、電機やITなどを核に産業を高度化し、高所得国入りを果たすという経験をしています。

中国、インド、ブラジル、ロシアといった新興国がさらに成長し、高所得国となっていくためには、こうした先例を学んでいくことが必要でしょう。

point
- 高成長した新興国は、経済成長の構図の転換を図っている
- 高所得国になるには、産業の高度化が不可欠

いまを読み解く
ASEANの取り組み

人口　6億2,329万人
GDP　2兆4,780億ドル

外務省
「ASEAN加盟国と地図」
2013年7月

　新興国経済で注目度が高いのは、東南アジア諸国連合（ASEAN）です。1967年に設立され、当初はタイ，インドネシア，シンガポール，フィリピン，マレーシアの5カ国でしたが、現在は、ベトナム、ミャンマー、カンボジア、ラオス、ブルネイを加えた10カ国に拡大しています。域内の総人口は6億人以上で、高い経済成長が続き、将来的に大きな経済圏に発展していくでしょう。ASEANでは、域内の経済協力を目的として2015年にASEAN経済共同体（AEC）を発足させました。域内の物品関税が9割以上の品目でゼロになるなど、高水準でモノの自由化を進めています。人の移動についても、加盟国の短期滞在ビザを撤廃し、将来は熟練労働者の移動も自由化する予定です。

6

地球環境問題への対処

産業活動の裏側で、環境問題が生まれました。世界全体で取り組む必要があります。

二酸化炭素の排出と温室効果

環境問題と一口に言っても、河川や海洋の汚染、大気汚染など地域での公害問題、酸性雨など広域の公害問題、過剰な森林伐採による生態系破壊、砂漠化、開発による生物多様性の破壊、フロンなどによるオゾン層破壊、温室効果ガスの増加による地球温暖化問題など実にさまざまです。しかも、これらの環境問題は関連し合っています。

なかでも現在、地球規模でもっとも深刻な環境問題として、地球温暖化と気候変動の問題が挙げられています。

地球温暖化は、大気中の二酸化炭素の濃度が高くなっていることで引き起こされています。世界の二酸化炭素排出量は、約329億トン（日本エネルギー経済研究所、2013年）となっています。日本はそのうち約12億トンを排出しています。そうして大量に排出された二酸化炭素は、大気中の二酸化炭素の濃度を年々高めていっています。

大気中の二酸化炭素濃度が高まると、温室効果といって大気圏の内側の気温が上がる現象が起きます。地球の表面から発せられる熱の放射の一部が、大気圏外に届く前に、大気中

の二酸化炭素などに吸収されてしまうことが原因で起きています。地球の全体の気温が高まり、気候変動を始めとするさまざまな悪影響が出てくるのです。

温室効果を持つ物質は、二酸化炭素のほかに、メタン、一酸化二窒素、ハイドロフルオロカーボン類、パーフルオロカーボン類、六フッ化硫黄、三フッ化窒素があります。

気候変動問題

現在、世界各地で気候変動が起きています。例えば、記録的な「猛暑」や「厳寒」が起きたり、頻繁に集中豪雨や豪雪が発生したり、干ばつが長期化したりする、などです。これらは地球温暖化が影響しているとの指摘があります。

こうした気候変動に関しては、国連の気候変動枠組条約に基づく研究が続けられています。1992年の6月に172ヶ国の政府代表や国際機関などが参加して、ブラジルのリオデジャネイロで国連環境開発会議(地球サミット)が開かれました。この場で「環境と開発に関するリオ宣言」が発せられるとともに、気候変動枠組条約と生物多様性条約が締結されました。気候変動枠組条約では、先進締約国に対し、二酸化炭素などの温室効果ガスの排出を削減するための政策の実施義務が課せられています。

日本では1993年に環境基本法が制定され、1994年に第1次基本計画が定められました。その後は6年程度の間隔で見直され、現在は2012年4月に閣議決定された第4次基本計画に

第3章 世界経済

地球温暖化防止へ明かりがともる？ 「パリ協定」発効
18年までに詳細なルール　COP22で締約国合意

中国・米国の参加で加速
温室効果ガス排出量1、2位

2020年以降の地球温暖化対策に向けた国際的な枠組み「パリ協定」が今月、発効しました。アフリカ・モロッコでは「国連気候変動枠組み条約第22回締約国会議（COP22）」が開かれ、'18年までに協定の詳細なルールを決めることで合意しました。一方、専門家も驚く早さで池に水を差したのが、政権交代する米国の出方を注目されていますが、日本は出遅れ、政権交代する米国の出方を注目されています。（松村大二）

パリ協定は、昨年11月にフランス・パリで開かれたCOP21で採択されました。1997年に採択された「京都議定書」に代わる枠組みで、今回は先進国・途上国を含む約200の国・地域の参加が見込まれています。

世界の年平均気温の上昇を、18世紀半ばから始まった産業革命前と比べ、2度未満に抑えることが目標です。義務づけられているものの、参加国がそれぞれ削減目標を定めるという点が大きな特色です。「京都議定書」では、一部の国だけの削減目標だったため、パリ協定の方が現実的で広範な効果が期待されます。

協定の発効から日本が入るため、2016年11月4日にこの流れに乗り遅れた日本、排出量世界5位の日本は、くやしい思いをしている。

協定の発効から日まで4日遅れのCOP22でのそろえての存在感は薄く、交渉のルール作りの議論に十分に加われなかったと言われる。トランプ氏が大統領選に勝ったことで、米国の参加が不透明になる可能性もあり、パリ協定の行方に影響を与えそう。

そんな中、COP22の開幕直前に行われた米大統領選の結果では、地球温暖化などの問題を疑問視するドナルド・トランプ氏が、環境問題に熱心なヒラリー・クリントン氏を破って勝利した。「米国の参加は、環境問題の進展に直結する。しかし、トランプ氏の当選で、米中の取り組みが後退するようだと、他の国も追随する可能性が大きい。」と懸念する。

来年ドイツのボンで開催予定のCOP23で議長を務めるフィジーのバイニマラマ首相は「トランプ氏はフィジーに来て、海面上昇などの温暖化の脅威をその目で見てほしい」と訴えています。

流れに乗り遅れた日本
トランプ政権誕生で暗雲？

（記事本文続き）...環境研究所の久保田泉さんは「脱炭素化の準備作業が加速したほうが得だと考え始めたようだ」という。

地球温暖化防止に向けて、意見が分かれていた先進国と新興国との間での交渉が成立しました。パリ協定で合意した内容が実行されるかが、注目されています。

朝日中高生新聞、2016年11月27日付、パリ協定の発効についての新聞記事

基づいて、各種の施策が進められています。

気候変動枠組条約締約国会議（COP）

気候変動枠組条約の批准国は、条約が発効した翌年の1995年から毎年、温室効果ガスの排出防止などを協議するための会議を開いています。気候変動枠組条約締約国会議（COP）と呼ばれ、第3回の会議（COP3）は日本の京都で開催されました。この時には、21世紀以降の地球温暖化問題に対し、中長期的な取り組みや温室効果ガスの削減目標を定めた京都議定書が合意されました。

また、2020年以降の気候変動対策の国際枠組みとして、2015年にフランスで開かれたCOP21でパリ協定が合意され、翌年発効しています。パリ協定では「世界の平均気温上昇を工業化前と比べて2℃より十分低く抑制し、1.5℃未満に向けて努力する」と、温暖化を抑制する目標を掲げています。

各国は自国のエネルギー資源や温室効果ガスの削減技術を政策にいかす努力をし、世界全体の排出削減につながる枠組みを国際協力で磨き上げていく必要があるでしょう。

point
- 地球規模でもっとも深刻な環境問題は、地球温暖化とそれによる気候変動の問題
- 温暖化ガス排出削減に向け、各国の努力と国際協力が不可欠

社会を読み解く
生物多様性条約

レッドリストに指定された動物

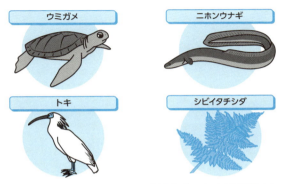

※レッドリストは国際的な自然保護団体や日本の官公庁が作製したもの

　生物多様性条約は、生物の多様性を包括的に守り、生物資源の持続可能な利用に向けて国際的な枠組みを設けるための条約です。1992年の国連環境開発会議（UNCED）で提案され、1993年12月に発効しました。それまでにも、絶滅のおそれのある野生動植物の種の国際取引を規制する条約（ワシントン条約）や、水鳥の生息地として国際的に重要な湿地を保全するための条約（ラムサール条約）がありました。この条約では、情報交換の枠組みを作ったり、議定書の実行に関して作業計画を策定したりしていくなどの具体的対策がとられています。日本では2008年に「生物多様性基本法」が施行され、生物多様性をふまえた国家戦略の政策立案につながっています。

第 4 章
日本経済

日本社会のさまざまな問題と経済の状況は、
切っても切り離せない関係にあります。
いまの日本経済がどうなっているのか、
どんな社会の制度や仕組みになっているのか……
これからの日本社会を築いていくみなさんに、
知っておいてもらいたいことをお伝えします。

1

少子高齢化と経済成長

日本経済の大きな課題のひとつに、人口問題があります。労働力を支える人口が減ると、経済成長も難しくなります。

日本はすでに超高齢社会

まず、日本の人口構成を見てみましょう。ここでは、人口比率や将来の人口推計を出している国立社会保障・人口問題研究所の統計を参考にします。2014年の資料では、高齢者と定義されている65歳以上の人口は26%です。国連の定義では、65歳以上の人口が21%を超えると「超高齢社会」となっており、日本はすでに「超高齢社会」なのです。

将来人口の推計では、2060年の65歳以上の比率はほぼ40%になると予想されています。75歳以上の人口だけをみても、2060年には27%になるとの推計結果が出ています。

一方、将来は現役世代になる19歳以下の人口比率は17%であり、2060年には13%程度に低下する予想となっています。これは、出生率の低迷が続いているからです。少子化の影響で若年人口はかなり減少し、ますます若い人が少なく、高齢者が大きな比重を占める社会になります。

人口構成が高齢化してくると、少ない現役世代が多くの高齢者を養っていかなければならなくなります。ただし、近年は65歳以上でも自らを老齢と考える人は減っており、今後働

出生 100万人割れ

2016年推計 1899年以降初

厚生労働省は22日、国内で2016年に生まれた日本人の子どもは98万1千人の見込みと発表した。統計を始めた1899年以降、出生数は初めて100万人を下回りそうだ。出生数が死亡数より下回る人口の自然減は10年連続。人口動態統計の年間推計で明らかになった。出生数は前年の100万5677人から2万5千人減少し、死亡数は前年より6千人多い戦後最多の129万6千人。自然減が戦後初めて30万人を超える。

出生数が最も多かったのは49年の269万7千人。第2次ベビーブームだった73年の209万2千人をピークに、減少傾向が続いている。出生数の減少は、親になりうる世代が減っていることが最大の要因だ。

生涯に産むと見込まれる子どもの数を指す合計特殊出生率は近年、上昇傾向にあるが、15〜49歳の女性は10年から15年にかけて毎年20万人以上のペースで減り続けている。

晩婚化や晩産化の影響もある。平均初婚年齢は上がり続け、1995年に夫が28・5歳、妻が26・3歳だったが、15年では夫が31・1歳、妻が29・4歳。第1子を出産した時の母親の平均年齢は11年以降、30歳を上回っている。婚姻は戦後最少の62万1千組（前年比1万4千組減）で、離婚は21万7千組（同9千組減）となる見通しだ。

（伊藤舞虹）

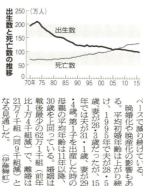

50年前には毎年200万人生まれていた子どもの数が、いまでは100万人を割るようになってしまいました。

朝日新聞、2016年12月23日朝刊、出生数についての新聞記事

き続ける人の割合は高まっていく可能性があります。現在は60歳を定年としている企業が多数で、再雇用制度も導入されていますが、高齢者が働き続けやすい制度や職場の環境を作っていくことが大切でしょう。

減少していく労働人口

日本の人口問題は、高齢者の割合が高まるという点のみにとどまりません。絶対的に人口が減ると、経済成長の面からは、特に労働人口の減少が続くことにつながります。

労働人口は1997年6月に6811万人(厚生労働省「労働力調査」、季節調整値)でピークとなった後、漸減傾向が続いています。2017年1月時点では、6702万人となっています。

ただし、労働人口を男女別に見ると、社会背景の違いも見えてきます。男性は、ピークが1997年6月と1999年1月の4040万人で、2017年1月時点では3791万人とかなり減少しました。一方で女性のピークは、2016年7月の2912万人と、近年でも増加が続いています。女性の労働参加率は上昇してきており、保育所の整備などの環境が整えば、さらに多くの女性が働くようになる可能性があります。

出生率の低迷による少子化が改善せず、人口が減っていくという条件のもとで、労働人口をなるべく減らさないためには、女性や高齢者の労働参加率を上げていくことが肝要です。

生産性を上げるイノベーションがカギ

　経済の潜在的な供給力を決める要素として、①労働量、②設備や建物といった「資本ストック」の量、③ビジネスモデルなどを含めた技術水準、を挙げることができます。

　経済成長のためには、これらの要素を増やすことが必要です。しかし、日本では労働人口の減少はいかんともしがたく、①の労働量には増加が見込めません。②の資本ストックの量も、設備投資が活発化すれば増えていくことが考えられますが、近年の設備投資は停滞感が強く、こちらも大きく鈍化しているのが現状です。労働量の減少を補うようなタイプの設備投資が必要で、ロボットの活用などが期待されます。供給力を決めるもうひとつの大切な要素は③の技術水準で、生産技術や組織の効率性などを含めて「**全要素生産性**」と呼ばれます。これは、イノベーションなくしては高まりません。

　なかでも医療や介護など、今後需要の増大が予想できるサービスについて、より効率的に提供できるイノベーションが期待されています。世界の中で日本は超高齢社会の先端を行っていますから、こうした分野でのイノベーションは今後、国内だけでなく世界に広げていけるものとなるでしょう。

point

- 超高齢社会がさらに進む日本では、労働力人口も減少しており、イノベーションが大切になる

いまを読み解く
保育所不足

待機児童2.3万人、2年連続増
「隠れ待機」含めると9万人超

　国の設置基準を満たした認可保育施設の待機児童が4月1日時点で2万3553人いて、2年連続で増えたことがわかった。厚生労働省が公表した。施設に入れないため保護者が育児休業を延ばすなどの「隠れ待機児童」を含めると、9万人を超える。

　政府は2017年度末までに「待機児童ゼロ」をめざす。15年度中に認可保育施設の定員は10万人分以上増えたが、達成は厳しい状況だ。

朝日中高生新聞、2016年9月11日付、待機児童の現状を報じる新聞記事

　育児をしながら働くためには、保育所が不可欠です。希望しても保育所に入れない待機児童数は、約2万3千人（2016年4月時点）で前年比386人の増加となっています。保育所の定員は263万人で、前年比で10万3千人増加しており、実際に保育所などを利用する児童の数は246万人で前年比8万5千人増加しています。保育所は増えてはいるものの、首都圏など必要な地域でまだまだ不足しているというのが現状です。また、待機児童数には含まれず、保育所に入れないとあきらめている人もかなりいる可能性があります。従来の保育所に加え、幼稚園と一体となった認定こども園や小規模保育、事業所内保育といった方法で、保育のニーズを満たしていくことも期待されます。

2

年金の仕組み

超高齢社会の日本で、高齢や障害を理由に働けない人の生活を支える柱になっているのが「年金制度」です。

日本の社会保障

日本国憲法第25条では、
- 第1項 すべて国民は、健康で文化的な最低限度の生活を営む権利を有する。
- 第2項 国は、すべての生活部面について、社会福祉、社会保障及び公衆衛生の向上及び増進に努めなければならない。

と規定しています。この考え方を具体化したのが、社会保障制度です。個人が直面する病気やけがなどのリスクに対して、「健やかで安心できる生活を保障する」ことを示しており、その方法として社会保険や社会扶助の制度が作られています。そのなかでも、主な役割を果たしているのが、年金保険、医療保険、介護保険、雇用保険、生活保護の各制度です。

公的年金保険の考え方

公的年金保険は、身体的に働けなくなった時に生活を支えるための手段として作られた制度です。どういうことかというと、老齢になったり障害があったりして労働が難しい場合

に、年金制度から生活費が給付されることで、「健やかで安心できる生活を保障する」のが本来の趣旨です。

公的年金制度の考え方は、大きく分けて2通りあります。賦課方式と積立方式と呼ばれる考え方です。

賦課方式というのは、必要な給付を満たすように負担を決めていきます。おおむね給付総額と負担総額が均衡するように、給付水準と負担水準を決めていく考え方です。先進国の公的年金は、この考え方を基礎にして組み立てられている場合が多いといえます。

これに対して積立方式は、年金保険料を積み立てて、その運用収益も合わせて給付の原資とする考え方です。公的年金の場合は、本人の積立だけでなく、雇い主である企業の拠出や国からの拠出もあることが、民間の年金商品とは異なっています。

日本の制度は純粋な賦課方式でも純粋な積立方式でもない中間的なものですが、どちらかというと賦課方式に近いとされています。

日本の年金制度

日本のもっとも基本となる公的年金制度は「国民年金」です。「国民皆年金」という考え方のもと、20歳以上のすべての国民は「国民年金」に加入します。加入者は職業などによって、①自営業者や学生、②会社員や公務員、③専業主婦(主夫)など、の3種類に分けられています。

第4章 日本経済

教えて！年金改革 ①

公的年金の支給額を抑制する新しいルールが盛り込まれた年金制度改革法が、昨年12月に成立しました。深刻さを増す少子高齢化を背景に、将来世代が受け取る年金の財源を確保するのが狙いです。しかし、今の高齢者は大丈夫でしょうか。年金改革の行方をシリーズでお伝えします。

現役世代賃金に応じ減額

「年金の少ない人が、いっぱいいるんだから適当にやってほしいよ」。どうすんの、飲まず食わずで死んでいくの、っていう話になっちゃう」

今月9日の昼下がり、東京都調布市で二人暮らしをする上野ミツ子さん（83）は、近所の人たちや息子と定期的に開いてる交流サロンで不満を吐露した。

上野さんは79歳で、夫婦で店を営んできた。私たち夫婦は4万5千円の国民年金を受け取っており、年金のニュースに関心を寄せている。

2021年度から適用される新しいルールでは、現役世代の賃金が下がれば物価にかかわらず年金の給付額も減る。支えてきた現役世代の賃金が下がれば物価に左右されず年金の給付額も減る。

しかし、上野さんの長男・上野さん（57）は首をかしげる。「若い世代に合わせられる程度で、年収300万円くらい月収をさらにいうのでは？聞くと、介護福祉士の佐藤さんたちの日本を背負うのは彼らなのに、高齢者は運ばされているよ」と話す。

近くに住む坂本トミさん（79）は、「私に言われても困るけど、高齢者と関わる機会が多く、高齢者が受ける支出の方が多いと感じる。現役世代から支えてもらえる支給額を減らすことで何をする見ているのか、介護医療費用を指摘。現役の賃金だけではまった……

新しい年金減額ルールとその背景

物価上昇、賃金下落	賃金が物価より下落
現行 / 新	現行 / 新
賃金にあわせて減額 / 据え置き	賃金にあわせて減額 / 物価にあわせて減額

騎馬戦型・胴上げ型・肩車型

胴上げ型	騎馬戦型	肩車型
現役世代 6.8人 (1984年)	2.4人 (2014年)	推計 1.3人 (2060年)
年金水準 69.0%	62.7% (月21万5千円)	50.6%

年金水準は現役世代の手取り収入と比べたモデル夫婦の支給額。厚生労働省の資料から

厚生年金やDC、加

高齢者も「痛み」を分かち合うことに賛成だ。この年金額では生活は厳しい。2年続けて適用でき、15年度を除き適用され、3年目に支給額が4％ならならず、世代間で受け取る年金を調整するもの。「年金の支給額が増えるのは2つに大きな問題がある」と語る。

年金の支給額を毎年1％程度抑制していくのが「マクロ経済スライド」の核心だ。今は支給額が増えそうなときにしか実施できない。今は支給額が増え切るときには適用を見送るが、18年度以降は適用できるはずだと約1％のを持ち越す「キャリーオーバー」。

年金改革を進めなければならないのは、少子高齢化の急速な進行が背景にある。世界でもこれな少子高齢化の急速な進行が背景にある。

のルールを採り入れる。例えば2年続けて適用できず、3年目に支給額が4％なら、抑制できなかった現状を改める「キャリーオーバー」の仕組みが導入された04年度以降、15年度を除き適用されず、支給額は減らないようにする。計3％程度に抑えて引き上げ幅は1％程度になる。ディスインフレ経済が続いていたため影響もあり、現役世代の平均手取り賃金に対する受給額は減らないようにする。

少子高齢化のもとで、高齢者の生活を支える公的年金制度をいかに持続可能にしていくか、改革の行方が問われています。

朝日新聞、2017年1月18日朝刊、年金改革についての新聞記事

年金制度は、国民年金を基礎にして3階建ての体系になっています。1階部分は全国民に共通した「国民年金」、2・3階部分については、加入者の分類によって異なった仕組みが用意されていて、場合によっては加入するかどうかを自分で選べます。2・3階部分の制度に加入していれば、基礎年金に上乗せして被用者年金や企業年金の給付が受けられるため、より手厚い生活保障が受けられることになります。

　具体的に説明しますと、先に挙げた①の自営業者や学生は、国民年金のほかに、**国民年金基金**に加入できます。②の会社員や公務員は、国民年金のほかに、**厚生年金**にも加入しなければなりません。会社員の場合は、企業に企業年金があれば、それにも加入できます。③の専業主婦（主夫）などは、国民年金に加入しますが、保険料を負担しなくても良い制度になっています。

　超高齢社会となった日本は、将来の年金の支払い財源が不足する可能性が出ています。持続可能な年金制度の確立に向けた改革が、必要になっているのです。

point

- 高齢や障害で働けない人を支えるのが年金制度
- 超高齢化する日本で制度を持続するためには、改革が必要

社会を読み解く
年金はいつから払うの？ もらえるの？

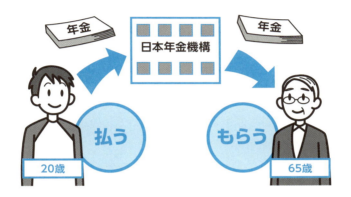

　公的年金のうち基礎となる国民年金（基礎年金）には、20歳になったら加入しなければいけません。ただし、20歳になる前でも会社勤めを始めた人は、厚生年金に加入するので自動的に国民年金に加入したことになります。国民年金保険料を払うのは、60歳までです。収入の少ない人や学生には、免除や猶予の制度があります。国民年金を受け取れるのは、65歳からですが、厚生年金の一部（報酬比例部分）については、男性は62歳、女性は60歳から受け取れます。現在は65歳から支給開始への移行期間中で、男性は1961年4月、女性は1966年4月以降に生まれた人は65歳からの支給になります。どちらも終身で、死ぬまで受け取ることができます。

公的医療保険・介護保険の仕組み

病気や介護の時に支える公的保険制度があります。超高齢社会の日本で、大切な役割を果たしています。

日本は国民皆保険の医療保険

日本では「国民皆保険」ということで、国民のすべてが医療保険制度に加入することになっています。病気になった時に、適切な医療を受けられるのが公的医療保険です。

制度のもとでは、自己負担割合（現在は30％で、3歳未満と一定の所得未満の老齢者は別途）を統一しています。また、本人や家族の収入状況などによって自己負担の限度額が決められており、高額の医療費で生活が立ちいかなくなる状況を避けられるようになっています。病気になった人は、医療機関を自由に選ぶこともできます。社会保険方式（受益者負担）を基本としつつ、皆保険を維持するために公費を投入しています。

実際に保険制度を担っているのは、国民健康保険（市町村）、全国健康保険協会管掌健康保険（企業などに健康保険組合がない場合）、組合管掌健康保険（各企業などの健康保険組合）、共済組合（公務員など）の4種類になっています。また75歳以上の高齢者のために、後期高齢者医療制度があります。

公的な医療保険制度は、先進国でも国によって違いが大きいといわれます。欧州の先進国では、おおむね国民皆保険が実現されています。一方で米国では、いわゆる国民皆保険は実現されていませんでした。オバマ政権下で2013年に成立した法律に基づいて、低所得者を補助することですべての国民が義務的に民間の医療保険に加入する制度が定められました。しかし、この制度には批判も多く、トランプ政権のもとで見直されるなど、考え方もさまざまです。

介護保険

介護が必要になった人の費用を賄う**介護保険**は、高齢者の介護を社会全体で支え合う仕組みになっています。

日本では2000年に、**介護保険制度**が施行されました。介護が必要な身体的な衰えがある場合、介護保険によって本人や家族の負担を軽減できるようになりました。今後も日本では、介護を必要とする高齢者が増えることは必至で、そうした状況に備えた制度として導入されたのです。

利用者は市町村の窓口に相談し、要介護認定を受けます。介護の度合いによって給付され、それぞれに合った介護サービスを受けることが可能になります。自らサービスの種類や事業者を選ぶこともできますし、ケアマネジャー（介護支援専門員）が介護サービスの利用計画を作って、医療・福祉のサービスを総合的に利用できるようにもなっています。利用者の負担は、一部高額所得者を除いて一律10%です。

財政は公費と保険料が半々の負担になっています。加入者は40歳以上の人で、65歳以上と40歳から64歳までの2通りになっています。前者は全体の22%、後者は28%を負担することとなっており、それをもとに保険料が計算されます。低所得者には、保険料の軽減措置があります。

健康増進策が大切に

　日本人の平均寿命は延びてきており、超高齢社会がさらに進んでいくことが見込まれます。国や地域社会の健康増進に向けた取り組みを受けて、国民の生活習慣病予防の重要性や健康への関心が高まってきています。実際に高齢者の身体活動量は増えていて、健康長寿な高齢者が多くなっています。

　国民が高齢期を豊かに暮らすためにも、高齢者の健康度を上げていくための社会的な取り組みを続けていくことが大切です。これは社会保障制度全体の持続可能性も高めるものになります。

point

- 日本は国民皆保険の医療保険、介護保険がある
- 健康長寿な高齢者が増えることが大切

医療や介護 高齢者負担増

制度見直し決定

医療・介護で相次ぐ負担増

医療

70歳以上の月額自己負担上限アップ
年収370万円未満の住民税課税世帯なら

	現在	2017年8月	18年8月
入院+外来の世帯合算	4万4400円	→ 5万7600円	
個人の外来	1万2000円	→ 1万4000円	→ 1万8000円

75歳以上の保険料軽減の縮小

	17年度 月	18年度
年金収入のみで年211万円の場合 4090円	→ 5400円	→ 6290円

入院時光熱水費の自己負担アップ

		17年10月	18年4月
軽度者	1日 320円	→ 370円	
中重度者	1日 0円	→ 200円	→ 370円

介護

大企業社員らの保険料アップ
17年8月〜20年度で段階的に
健康保険組合に入っている人なら 月平均 5125円 → 5852円

利用料の月額自己負担上限アップ
17年8月から
年金収入のみの単身で年383万円未満、課税世帯など 3万7200円 → 4万4400円

現役並み所得の高齢者の自己負担割合を3割に
18年8月から
年金収入のみで年383万円以上の単身者ら 2割 → 3割

来年度から順次実施される医療と介護保険の制度見直し方針が15日、決まった。

70歳以上が毎月支払う医療費の自己負担上限を引き上げるなど、一定の所得がある70歳以上は、外来医療費の70歳以上は、外来医療費のを庄縮、厚生労働省案は現役の内容だったが、2017年8月から月1万4千円、18年8月から月5万2千円と段階的に引き上げる。月額の上限も設け、14万4千円にも設け、14万4千円に。

▼**7面=崩れる高齢者優遇**

自民党と公明党の社員らを中心は22日に閣議決定する来年度予算案に反映させる。

医療分野ではこの日、いた自己負担に歯止めが求めたの反発で「調整が続いては、比較的所得が高い大企業の社員らから、役世代では、比較的所得がが増える項目が並んだ。現高い大企業の社員らを中心に介護保険料の引き上げ幅が決着した。約124代の保険料が17年度から20

社会全体として医療や介護の費用が増加してきており、個人の負担も増えざるを得ない状況になっています。

朝日新聞、2016年12月16日朝刊、医療と介護保険の制度見直しについての新聞記事

歴史から読み解く「恍惚の人」

車いすにのる老人と介護者　写真：PIXTA

　1973年に『恍惚の人』という映画が封切られ、社会的にセンセーションを巻き起こしました。原作は同名の有吉佐和子の小説です。妻が亡くなり、それをきっかけに認知症になってしまった舅の介護を、仕事と両立させながらする女性の物語です。暴れたり、徘徊したりする舅の介護に苦労しますが、夫は舅の世話をすべて彼女に押しつけます。福祉施設の職員に相談しても、老人ホームに入れるより、まずは家庭の主婦がしっかり世話をすべきと言われます。このような日本の老人介護のあり方に、一石を投じました。デイケアなどの介護サービスの必要性や介護保険の創設の論議が起き、現在の制度が生まれるきっかけとなったともいえるでしょう。

財政の仕組みと課題

日本では、税金はどのように集められ、使われていくのでしょうか。財政の仕組みを見てみましょう。

税金の役割

国や地方公共団体がさまざまな事業をする資金は、主に税金で賄っています。

例えば、公立の小中学校の授業料は無料です。校舎を建てる費用、教職員の給料や光熱費などの学校での教育活動を維持するための費用は、すべて公的な費用として負担されています。役所や警察も同様です。そうした費用を賄うために、国民が負担するのが税金というわけです。

税金の種類

税金には、どのような種類があるのか見ていきましょう。税金を大きく分けると、直接税と間接税に分けられます。直接税というのは、所得（給料）にかかる所得税や固定資産税など、負担する人が直接払う税金のことです。もう一方の間接税は、消費税のように、負担する人がいったん会社や店などの事業者に預け、事業者が払うものです。

では、何を対象に税金がかけられているかという観点で見てみましょう。①働いた対価である給料や財産から発生する

所得にかかる税金、②土地などの資産そのものにかかる税金、③消費することにかかる税金、と3つに分けることができます。

①の個人の所得に対する税金は、所得が高い人ほど高い税率が適用される累進課税制度が多くの国で採用されています。また課税最低限の所得が設定されていて、所得の低い人は所得税を払わなくて良い制度になっています。

企業が払う税金の主なものとしては、法人税があります。これは、法人企業の利益に税金をかけるものですが、中小企業については軽くする措置があります。そのほかには、事業活動にともなう税負担があります。

②の土地など資産そのものにかかる税金には、固定資産税があります。土地、住宅、ビル、機械設備などの固定資産にかけられます。ただし、居住用の土地・住宅については、財産というだけでなく生活に費用なものであることから、かなり軽減されています。

このほかに大きい税金は、③の消費税でしょう。これは、個人が消費財やサービスを購入したときにかかる税金です。所得の低い人ほど、収入を消費に使う割合が高いので、収入に対する消費税の割合が高くなってしまう傾向があります。この問題は「消費税の逆進性」の問題といわれ、生活必需品の消費税を安くするという軽減税率を設けることや、所得税を払っていない低所得者にも還付ができる仕組みを作って緩和を図ろうとする提案がされています。

第4章 日本経済

無理重ねた財源確保
予算案 5年連続で最大更新
97兆円 衆院通過

毎年、国の予算のニュースは前年度末頃に国会に提案されます。国の予算は増加し続けており、巨額の財政赤字はなかなか解消していません。

朝日新聞、2017年2月28日朝刊、国の予算案についての新聞記事

財政運営の規律

税金を使う時に、広く国民が無償で利用できる道路や公民館などの公共施設の建設や、失業対策・生活保護など低所得の人を助けるものにする、などとすれば、所得の再分配がされることになります。一方で、税金の使い方に対して「無駄が多いのではないか」との批判も広くあります。

社会全体のための事業は、公共の利益になります。国や地方公共団体が直接すべきか、料金などについて規制をかけたうえで民間企業に任せるべきか、場合によって使い分けができます。例えば、一般道路など多くの国民が使うものは国や地方公共団体で作った方が良い場合が多いですが、高速道路などの有料道路は運営を民間に任せることもできるでしょう。

ここで大切なのは、財政支出を放漫なものにしないことです。入札制度を適切に運用する、支出の検査をしっかりする、などの方法があります。税金などの財政収入に見合わない支出をしていると、財政収支が赤字になり、政府が借金をして支払いをしなければならなくなります。国の借金は、一般には信用度が高いという点において個人や企業の借金とは違いますが、野放図な赤字は財政危機を招くことになります。

point

- 国や地方の財政は、公共の利益のために使う費用を税金で賄う仕組みになっている

図表から読み解く
日本政府の資産と負債

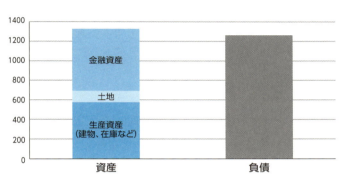

一般政府部門の資産と負債

2015年末 内閣府「国民経済計算」

　日本政府は大きな財政赤字を抱えています。その累積結果が政府の債務残高になりますが、国、地方、社会保障基金（年金など）を合わせた国全体だと、債務は1,262兆3,369億円（2015年末、内閣府）にのぼっています。一方で、政府には資産もあり、1,324兆9,276億円（同）となっています。差し引きすると、62兆5,907億円の正味資産があります。正味資産は20年前には486兆1,511億円（1995年末）ありましたので、近年大きく減少してしまったことになります。また、資産の中身をみると、非金融資産が690兆5492億円と半分強を占めており、必ずしも換金可能ではないものが多いことには留意が必要です。

5

教育と経済

経済を担っているのは人間です。人間の能力を高める教育は、経済発展やその質を高めるのに不可欠な要素です。

近代公教育の始まり

現代では公的な学校教育が多くの国で普及していますが、読み・書き・計算といった能力を身につけることになったのは、産業革命以降でした。機械装置を動かしたり、事務をこなしたりしていくために、必要だったからです。そのような経緯を経て、先進国では初等教育と中等教育が無償の義務教育になっていきました。

日本では1872年に学制発布があり、学校教育制度が誕生しました。学制の実施にあたって、まず小学校を整備したうえで、中学校などをしだいに充実させようとしました。また、学校は教員なしでは運営できないので、教員を養成する師範学校の設立も重視されました。学校制度が近代的な安定した体系になるまでには、30年の歳月を要しました。大正から昭和初年にかけては、この制度を基本として学校制度の拡充や整備がされていきました。

学校教育の高度化

経済の発展は、多くの新しい技術の開発に支えられてきま

した。そのため政府や産業界によって、科学の発展を促す取り組みが進められました。企業の技術開発の取り組みや、大学などの研究活動の広がりがあります。

企業の人材としても、専門的な技術の素養のある労働者が必要になっていきました。一方で、会社を運営していくために、法律家や会計士といった専門家も必要になりますし、企業の管理職として経済や経営を理解している人も必要になりました。そのため、大学や専門学校などの高等教育機関で教育を受ける人の数は、大きく増加しました。

日本の例でみると、1915年には該当年齢の1%しか高等教育機関に在学していなかったのが、2015年では80%になっています。もっとも、高等教育機関の社会的な位置づけも、相当に変化してきています。

日本の中央教育審議会では、高等教育の課題として「経済のサービス化が進んでいるなかで、実践的な能力を持つ人材の育成を進めていく必要がある」と指摘しました。そのために高等教育では、「高度な専門分野と教養を身につけることを目指した教育改革をする必要がある」とも説明しています。

教育への投資

教育にはお金がかかります。教育をどのようにして財政的に支えるべきなのでしょうか。

ひとつの考え方として、教育は「投資」と捉えることができます。つまり、教育にお金をかけることで、人間の能力を

増し、費用以上にその人の生産する付加価値を増加させるということです。教育によって経済全体の生産性を上げることができ、社会全体にとっても有益なことです。

　教育の費用をすべて個人で負担するということになると、教育にお金をかけられるかどうかで、その後の所得も大きく差が出てしまいます。そしてさらに、その差が固定化されてしまうような社会になってしまいます。初等教育や中等教育を無償化しているのは、機会の均等を目指し、そうした状況をつくらないためです。それは、大きな目で見れば、社会全体の投資と考えることができるのです。

point
- 産業革命期から近代の公教育が発達
- 社会全体の付加価値を増やす教育には、社会全体で投資する必要がある

第4章 日本経済

専門技能の習得を重視した職業大学の創設が提案されています。成長分野のニーズに合った人材育成に寄与できるかが、ポイントになっています。

朝日新聞、2016年5月31日朝刊、中央教育審議会の答申についての新聞記事

社会を読み解く
奨学金

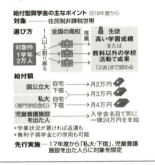

朝日中高生新聞、2016年12月25日付、奨学金制度について報じる新聞記事

　教育には費用がかかります。大学など高等教育には、誰が負担すべきかの議論があります。欧州のかなりの国では、大学は国公立で授業料を無料にしています。一方、高等教育を受けて所得の高い職に就くというメリットがあるので、受益に応じた負担にすべきだという考え方もあります。しかし、それでは金持ちしか高等教育を受けられないことから機会均等に反し、格差を固定化するという問題が出てきます。それを解決する手段のひとつが、奨学金です。受益者負担の考え方でいけば、奨学金は返済すべきということになりますが、機会均等の考え方をとれば、無償の奨学金が必要になります。日本では最近、公的な無償の奨学金拡充の議論が高まってきました。

さくいん

あ
- IT（情報技術）革命 34
- アウトソーシング 14

い
- イノベーション（革新） 33
- インフレーション 75

え
- 営業余剰 62

お
- 欧州連合（EU） 117

か
- 改革・開放政策 127
- 外国為替市場 85
- 介護保険 155
- 介護保険制度 155
- 会社法 41
- 寡占 108
- 株価 82
- 株式 .... 40、80
- 株式会社 .... 40、80
- 株主 .... 40、80
- 株主総会 .... 40、80
- 貨幣 10
- 貨幣数量説 76
- 環境基本法 138
- 間接税 .... 56、159

き
- 機械投資 65
- 企業所得 62
- 気候変動枠組条約 138
- 気候変動枠組条約締約国会議
（COP） 140
- 基軸通貨 86
- 供給 18
- 供給曲線 19
- 京都議定書 140
- 金利 70
- 勤労所得 48

け
- 限界費用 19
- 減価償却費 19
- 建設投資 65

こ
- 後期高齢者医療制度 154
- 公共投資 54
- 工場法 105
- 公正取引委員会 108
- 厚生年金 152
- 公的医療保険 154
- 国際開発協会（IDA） 122
- 国際通貨基金（IMF） .... 117、122
- 国際復興開発銀行（IBRD） 122
- 国際分業 14
- 国内総生産（GDP） 60
- 国民皆年金 150
- 国民皆保険 154
- 国民経済計算 61
- 国民総所得（GNI） 61
- 国民年金 150
- 国民年金基金 152
- 国連環境開発会議
（地球サミット） 138
- 固定資産税 160
- 固定資本減耗 62
- 固定相場制 86
- 雇用者所得 .... 48、62
- 雇用者報酬 48

さ
- 在庫投資 65
- 財産所得 48
- 最低賃金制度 46
- サブプライムローン 112
- サプライチェーン 90
- 産業革命 30
- 三面等価の原則 62

し
- 市場 18
- ジニ係数 51
- 資本 38

資本財	8
社会的分業	14
社会扶助	149
社会保険	149
社会保障基金	53
社会保障制度	149
自由貿易	98
需要	18
需要曲線	18
証券取引所	80
消費	8
消費財	8
消費税	160
消費税の逆進性	160
所得	11
新興国	132
人工知能（AI）	36

す

| スタグフレーション | 75 |

せ

生産	8
政府消費	54
生物多様性条約	138
世界銀行	122
石油輸出国機構（OPEC）	75

そ

| 組織革新 | 36 |

た

第1次産業	92
第3次産業	92
第2次産業	92
多国籍企業	102

ち

地球温暖化	137
地方政府	53
中央政府	53
超高齢社会	144
直接税	56、159

つ

| 積立方式 | 150 |

て

| デフレーション | 75 |

と

独占	108
独占禁止法	108
特別引出権（SDR）	123

に

| 日本銀行券 | 23 |

は

配当	38、80
ハイパーインフレ	76
パリ協定	140

ふ

付加価値	60
賦課方式	150
ブレトン・ウッズ体制	86
分業	13
分配	8

へ

| 変動相場制 | 86 |

ほ

| 法人税 | 160 |
| 保護貿易 | 98 |

ゆ

| ユーロ | 120 |

よ

| 預金通貨 | 24 |

り

利子	70
リーマン・ショック	112
量的緩和政策	78

る

| 累進課税制度 | 56、160 |

ろ

労働安全衛生法	43
労働基準法	43
労働組合	105

■著者
岡野　進（おかの・すすむ）
株式会社大和総研　顧問

1956年6月20日東京都生まれ、おもに千葉市で育つ。1975年千葉県立千葉高等学校卒業、1980年東京大学教養学部基礎科学科卒業。同年、大和証券株式会社に入社。株式市場の分析などの業務を経て、1991年に株式会社大和総研経済調査部へ転属。1999年に大和総研経済調査部長、2002〜2008年に大和総研アメリカ社長、2014〜2017年に大和総研専務取締役・調査本部長を歴任した。2017年4月から現職。

■編集　　　　　　高見澤恵理
■DTP・装丁　　　野﨑麻里亜
■イラスト　　　　宮原美香
■記事・写真提供　朝日新聞社、日本取引所グループ、PIXTA

15歳から身につける経済リテラシー

2017年4月30日　初版第一刷発行
2017年9月30日　　　　第二刷発行

発行者　植田幸司
発行所　朝日学生新聞社
　　　　〒104-8433
　　　　東京都中央区築地5-3-2　朝日新聞社新館9階
　　　　電話　03-3545-5436（出版部）
　　　　　　　www.asagaku.jp（朝日学生新聞社の出版案内など）
印刷所　株式会社　平河工業社

©Susumu Okano　ISBN 9784907150907
乱丁、落丁本はおとりかえいたします。